Alberto Eiguer

LES PERVERS NARCISSIQUES

W0320141

Que sais-je?

À lire également en
Que sais-je ?

COLLECTION FONDÉE PAR PAUL ANGOULVENT

Gérard Bonnet, *Les perversions sexuelles*, n° 2144.
Fabrice d'Almeida, *La manipulation*, n° 3665.
Vincent Estellon, *Les états limites*, n° 3878.
Paul Denis, *Le narcissisme*, n° 3946.
Marie-France Hirigoyen, *Le harcèlement moral au travail*, n° 3995.

ISBN 978-2-13-074949-3
ISSN 0768-0066

Dépôt légal – 1re édition : 2017, février

© Presses Universitaires de France/Humensis, 2017
170 *bis*, boulevard du Montparnasse, 75014 Paris

Introduction

Le concept de « perversion-narcissique »[1] a connu un succès exponentiel depuis les premiers travaux de Paul-Claude Racamier (1978-1980), qui avait défini le « pervers-narcissique » (PN) comme celui « qui se fait valoir aux dépens d'un autre ». À ma connaissance, aucun autre concept clinique n'a eu un tel retentissement. Et l'on sait combien le XXe siècle a été fertile en découvertes : schizophrénie, personnalité « comme si » (ou faux self), troubles envahissants du développement (anciennement autisme), états-limites, psychopathie (ou sociopathie), addiction sexuelle, etc.

Depuis plus de quarante ans, l'entité clinique de PN est objet de débats, de colloques, de conférences, de recherches, de publications. Elle est étudiée dans l'université, notamment en psychopathologie. Elle est citée dans des thèses de doctorat. Les médias s'en sont emparés. La PN serait-elle devenue une des mythologies du XXIe siècle (Barthes, 1957) ? On assiste même à des dérives tragicomiques : qui aimerait s'entendre dire « Tu es un pervers-narcissique » ?

De nombreuses recherches abordent la vie relationnelle du PN. Elles mettent en évidence des liens

1. Sur l'usage du trait d'union, voir *infra*, p. 19.

interpersonnels entre un agent, ou acteur, reconnu comme PN et autrui, sa proie. Hier, on aurait traité le PN d'abuseur, de dominateur, de personnalité autoritaire ; aujourd'hui, la PN permet de souligner sa cruauté, son insensibilité, son manque de scrupule, sa tendance à instrumentaliser les autres. Jadis, on parlait de « monstre », et on tâchait de l'éviter ; actuellement, on cherche à éclairer les mystères de sa personnalité. C'est qu'il est devenu plus familier et, bien qu'il ne soit toujours pas très fréquentable, on essaie de se familiariser avec sa psychologie. De fait, le PN ne réside pas loin de nous.

Dans les sectes, on repère des leaders ou des gourous qui asservissent des adeptes endoctrinés. Dans le monde du travail, on trouve aussi des individus, souvent hiérarchiquement puissants, à qui l'on attribue des traits de PN. Tel management a pu, par ses dérives, être catalogué comme instaurant des rapports dominés par la PN.

Partout où un « maître » écrase ses sujets en ignorant leurs désirs, le concept est convoqué. On parle de mentalités et de conduites orientées vers l'emprise et la persuasion : dans l'éducation, le marketing, la vie politique et même dans les hautes sphères de l'État.

Cet engouement nous invite à rester le plus rigoureux possible et au plus près des faits cliniques. Évitons donc d'étendre à l'excès l'application de ce concept clinique qui risquerait alors de perdre de sa force. Généraliser revient à banaliser.

Disons d'ailleurs que la banalisation est le sentiment que peut éprouver celui qui se trouve sous l'emprise d'un PN, celui qui aurait entendu et ensuite adhéré à des propos comme : « Tous les maris frappent leur femme. »

La rigueur s'impose à nous dans les domaines où le concept s'est déjà implanté. Un nombre grandissant d'expertises psychiatriques identifie des conduites PN chez des meurtriers récidivistes ou « en série », des agresseurs sexuels, parmi lesquels des pères incestueux, ou encore chez des délinquants financiers, cas dont les experts soulignent la gravité en exprimant leur crainte qu'ils ne soient plus amendables. Les peines prononcées n'en sont que plus lourdes.

Pour nous éclairer, il est intéressant de recenser les nouveaux domaines ouverts par la justice, par exemple l'assistance sociale de l'enfance, la protection judiciaire de la jeunesse, le suivi thérapeutique post-carcéral, domaines où le concept de PN peut se révéler opérant.

Il me paraît utile de dire que, sur le plan judiciaire, c'est la spécificité clinique de la PN qui devrait être retenue. Ce qui est lourdement condamné par la justice ou vécu par le public comme un « crime odieux » n'est pas forcément pensé par le clinicien comme une maladie grave. Ainsi, les agressions sexuelles aggravées comme l'inceste ou le viol accompagné de violences ne se confondent pas avec la PN du seul fait de leur abjection, et même si, chez certaines personnes, elles sont associées à la PN, nous avons besoin de circonscrire le champ de cette dernière et de bien en souligner les aspects typiques. Ni le juridique ni l'éthique ne devraient se confondre avec la clinique et ses considérations diagnostiques, pronostiques et thérapeutiques, notions d'ailleurs à bien différencier les unes des autres.

Mais le clinicien est aussi une personne, et il a son éthique ; en lui peuvent s'insinuer et s'enchevêtrer des ressentis divers. Il n'est pas nécessaire d'insister sur le travail que, dans ces cas-là, il doit faire sur lui-même, bien que les erreurs auxquelles l'intuition peut conduire méritent qu'on s'y attarde. On devrait se pencher sur la validité d'une idée comme celle de « sens clinique », qui bénéficie de la faveur des cliniciens eux-mêmes et qui peut être parfois comprise comme pouvant se substituer à la déduction. Au contact d'un patient, on développe de l'empathie, et l'intuition peut se laisser influencer sans qu'on s'en aperçoive.

Traiter un PN, c'est comme jouer avec lui. Il ne s'agit pas d'entrer en compétition pour défendre une idée ou pour gagner un pari contre lui. Le patient peut être un adversaire. L'important, ce sont les règles du jeu. Qui les instaure ? Qui les respecte ? Or, il n'est pas concevable de négocier avec de tels patients, d'envisager une quelconque exception au contrat dans le cadre duquel, dès le début, s'établit la prise en charge thérapeutique. La convention que nous passons avec le patient s'inscrit dans une éthique. L'avenir du travail thérapeutique s'y joue et, peut-être, son efficacité.

Avec le PN, le thérapeute peut éviter de se mettre en danger et de mettre en danger autrui pourvu qu'il prenne certaines précautions et qu'il consente à travailler au côté d'autres intervenants. C'est ce qui nous prédispose à parler dans cet ouvrage des avantages des prises en charge par différents soignants et cadres institutionnels.

Tels sont les défis de ce travail, défis cliniques, thérapeutiques, éthiques ; ce sont aussi les défis que nous lance notre époque, dans ses incertitudes, ses impasses, ses espérances.

CHAPITRE PREMIER

Histoire d'un concept clinique

I. – Évolution

L'apparition du concept de PN est récente. On peut la dater des travaux de Paul-Claude Racamier, dans les années 1970. Étudiant la psychopathologie des schizophrènes, il remarqua que l'apparition et le développement des troubles chez un patient pouvaient s'expliquer par l'emprise significative qu'exerçait sur lui un membre de sa famille. L'observation de Racamier le conduisit à avancer que, de même que le négatif (inconscient) de la névrose est la perversion sexuelle, celui de la schizophrénie est la PN, « mais cette perversion est celle d'un autre », précise-t-il. Chez le névrosé, la perversion est dans le fantasme ; chez le schizophrène, elle se personnifie.

Par « narcissique », il entendait qualifier un fonctionnement psychique marqué par un amour excessif de soi, une posture égocentrée soucieuse de n'être remise en cause par rien ni personne.

PN est la synthèse entre « perversion » et « narcissisme », mais la PN se distingue de l'une et de l'autre.

Du narcissisme et de la perversion, elle adopte quelques traits pour organiser une configuration de la personnalité inédite, nouvelle. Cette synthèse est mieux comprise à l'aune de la notion de lien intersubjectif, c'est-à-dire à l'aune des interactions entre deux ou plusieurs sujets, qui fonctionnent sans le savoir en réciprocité et en synchronie, de telle sorte que l'un s'accommode du fonctionnement de l'autre (de ses désirs, de ses besoins).

De nombreuses études antérieures effleurent l'entité PN, sans parvenir à l'identifier. Pour y aboutir, il a fallu réaliser un travail évoquant celui du sculpteur qui, comme le dit Freud (1912) à propos du travail du psychanalyste, procède par enlèvements successifs de couches de pierre. On a écarté ce qui du narcissisme et de la perversion y disparaît. Par exemple, le PN, contrairement au narcissique, n'ignore pas totalement autrui. Il feint plutôt de l'ignorer, mais il a l'œil rivé sur ses réactions, ce qui lui permet d'affiner ses « manipulations ». D'ailleurs, ce mot de « manipulation », ainsi que celui de « vengeance » (nous allons recourir fréquemment à l'un et l'autre), est l'occasion d'apporter une précision sémantique.

Il est intéressant de différencier la manipulation de l'instrumentalisation. La « manipulation » est une façon d'abuser d'autrui par la ruse. L'« instrumentalisation » n'est qu'une forme particulière de manipulation. Un sujet instrumentalise quelqu'un quand il essaie de se servir de lui en l'influençant pour qu'il accomplisse, sans en être conscient, des gestes ou des actes que parfois même il ne souhaite pas accomplir.

Dans le domaine du marketing, on observe à ce titre des conduites de vente qui impliquent une dimension manipulatoire poussant à l'achat mais, malgré certains excès, un bon marketing suppose que le vendeur laisse l'acheteur libre de sa décision d'acheter ou de ne pas acheter. Il est pour l'essentiel une méthode servant à informer le consommateur de l'existence d'un produit. Le vendeur cherche simplement à éveiller une envie chez l'acheteur. La vente est alors une forme de transaction où chacun donne et reçoit, et en tire un bénéfice. En principe, il ne s'agit donc pas d'instrumentalisation.

Le marquis de Sade a donné des exemples éloquents d'instrumentalisations mises en œuvre sous prétexte d'éveiller des « appétits » que le sujet s'interdirait lui-même. De ce fait, le maître sadien, celui qui instrumentalise, s'érige en créateur d'une morale qui bonifie la transgression. On parlera de création de néo-besoins.

Le terme « utilisation » est proche de celui de manipulation. En 1971, Winnicott l'a valorisé en l'intégrant au champ des liens interpersonnels : il est normal qu'un enfant utilise ses parents et réciproquement. Ce point de vue mérite toutefois d'être nuancé, car tout dépend de l'âge des membres qui « utilisent », de leur lien et du degré de fragilité de leur lien. S'il y a calcul, la situation est plus grave.

Quant à la « vengeance », il me semble important de la différencier de la « revanche » ; « prendre une revanche » ne porte pas forcément à conséquences, alors que « souhaiter se venger » suppose une volonté de faire le mal. La revanche s'inscrit dans une situation de rivalité qui invite le sujet à se surpasser, à faire mieux ou autrement que d'autres. La vengeance implique que le sujet se vive comme victime d'une offense telle qu'il en est aveuglé et incapable de mesurer les répercussions de ses actes.

II. – Précédents

À la fin du XIXe siècle, le narcissisme a été considéré comme une perversion, en l'occurrence une perversion d'objet dans la mesure où l'amour, qui est censé s'adresser à autrui, s'adresse, dans le narcissisme, à soi-même. À la même époque, une forme de sexualité déviée a également pu être nommée « perversion narcissique », celle des individus qui éprouvent un plaisir jubilatoire à se regarder nus dans un miroir, cette activité s'accompagnant de caresses donnant lieu, au cours d'un long rituel, à des gestes masturbatoires. Dans des cas moins sévères, il s'agit de la perversion des amants qui, lors d'une activité sexuelle régulière, s'excitent mutuellement en admirant leurs corps, leurs positions, leurs mouvements, dans des miroirs placés à des endroits précis. Aujourd'hui, la photo et la vidéo facilitent l'autocontemplation. Les *sex-toys* s'ajoutent à ces pratiques, qui, parfois, se font à plusieurs – l'idée de narcissisme s'appliquant aux membres du couple ou du groupe pareillement stimulés par l'admiration de leurs performances sexuelles –, et qui se rapprochent du fétichisme, à cette nuance près que c'est le corps et ses parties qui sont fétichisés, non des objets matériels. Dans ces cas-là, l'appellation de PN peut prêter à confusion.

La découverte par Sadger (1908) de la place du narcissisme dans les relations sentimentales a modifié cette perspective. Le narcissisme, essentiellement envisagé comme un amour de soi, peut se révéler un mobile d'attraction entre amants : l'auteur décrit l'exemple d'une dame qui devient de plus en plus amoureuse de son amant à mesure qu'elle sait qu'il l'adore. Elle aime l'amour que le partenaire éprouve pour elle.

En mettant au point l'idée de narcissisme, et bien que la PN ne soit pas encore précisée, Freud crée des conditions favorables à son avènement, quelques décennies plus tard. Son travail reste très ouvert (Freud, 1914) : il évite de cantonner le narcissisme à un état pathologique et l'envisage sous différents angles. Pour lui, l'une de ses caractéristiques est sa tendance à s'externaliser pour éveiller l'admiration des autres. Le narcissisme a une disposition « impériale ». Parfois à l'excès : « captiver » peut devenir synonyme de « capturer ». Où tracer la frontière ?

Dans le même temps, le narcissisme favorise la protection de soi, assure l'autoconservation, il est sécurisant. Quand l'estime de soi suppose de croire en soi, le risque est grand de tomber dans l'excès et de dévaluer les qualités d'autrui. Mais penser à se protéger ne veut pas forcément dire rester insensible à un besoin équivalent chez autrui. Ne peut-on pas admettre que, si l'on s'accorde estime et considération, on puisse se trouver dans une meilleure prédisposition pour accueillir les demandes d'affection et de soutien de l'autre ? Heinz Kohut (1971) le prend en compte en expliquant qu'un « potentiel » d'estime de soi est hérité de l'amour et de la considération que les parents ont prodigués au sujet encore enfant. Il le nomme « self-objet(s) ». Le sujet s'identifiera à ses parents, qui ont stimulé ses potentialités, et quand il s'occupera des autres il les imaginera à la place de l'enfant qu'il était, soutenu dans son narcissisme positif. Il peut aimer autrui comme il s'aime lui-même.

En revanche, rester attentif à autrui en s'oubliant est mauvais signe ; ce pseudo-altruisme peut conduire à un sacrifice d'autant plus stérile que le sujet et l'autre peuvent finir par s'épuiser mutuellement. Dans ce cas, nous nous trouvons plutôt face à un déficit de narcissisme.

Or, de quel aménagement narcissique parle-t-on lorsqu'on parle de PN ? Dans la PN, le sujet tombe dans une dérive mégalomaniaque ; il est animé par la croyance de s'être fait lui-même, de s'être autoengendré, sans apprentissage aucun, donc sans transmission ni héritage.

III. – Contextes

Quelles sont les circonstances qui ont favorisé la découverte de Racamier ? Dans l'immédiat après-guerre, les recherches sur le traitement des schizophrènes battent leur plein. Le nombre des cas hospitalisés devient même un problème majeur de santé publique. Entre 1945 et 1955, la découverte de trois traitements a fait naître beaucoup d'espoir : les neuroleptiques, la thérapie familiale et la psychothérapie institutionnelle, cette dernière étant appelée outre-Manche « communauté thérapeutique ». Ces traitements peuvent être utilisés simultanément. S'ils ont contribué à beaucoup améliorer l'état de santé des patients, des difficultés ont subsisté. C'est qu'il restait à mieux cibler le fonctionnement familial. La démarche de Racamier, analyste spécialiste des psychoses dans le cadre d'une pratique institutionnelle, diffère de la perspective habituelle, qui privilégie une interprétation psychogénétique individuelle. Elle envisage la possibilité d'un dysfonctionnement des liens intersubjectifs : à l'intérieur de la famille, l'un des membres (ou plusieurs) adopterait des conduites caractérisées de PN. Ce membre n'entrave pas seulement l'amélioration de la maladie, il peut en réalité contribuer à son déclenchement. Capté et captif dans la toile tissée par le PN, le patient serait un « figurant prédestiné » que l'on prive de contact avec la figure du père, avec le monde et avec toute autre personne qui lui permettrait de s'autonomiser. Il est empêché de désirer, de rêver, de penser pour lui-même.

La mise au jour du concept de PN dans les années 1970 a été suivie de nombreux travaux, parmi lesquels mon livre *Le Pervers-narcissique et son complice* (1989). Par la suite, Marie-France Hirigoyen (1998), Christophe Dejours (1998) et Vincent de Gaulejac (2005) ont révélé des conduites PN dans le monde du travail. Marie-France Hirigoyen a identifié des comportements de *harcèlement moral* chez certains dirigeants d'entreprise, chez qui Christophe Dejours a aussi vu du *cynisme viril* ; Vincent de Gaulejac voit dans la PN une *maladie managérielle*. De fait, le concept clinique s'est enrichi d'observations auxquelles ont contribué de nombreux cliniciens, au point qu'il est devenu nodal pour caractériser certaines manipulations psychiques se manifestant dans la clinique et dans les institutions de formation et de soins.

Parallèlement, des études portant sur le couple ont connu également un développement remarquable, notamment avec les apports significatifs de Giovanna Stoll et Maurice Hurni, ainsi que ceux de Marie-France Hirigoyen. D'autres encore se sont penchés sur le groupe familial.

L'introduction de la dimension interpersonnelle a marqué un tournant, aussi bien pour la compréhension de cette maladie que pour l'aide qu'il est possible d'apporter aux familles. Il s'agit encore de se situer dans la ligne psychopathologique de Racamier, qui privilégie l'observation de la famille du psychotique, d'autant que les liens qui sont perturbés dans la famille peuvent se transférer sur le lien thérapeutique. On a en effet constaté que les difficultés soulevées par le drame familial se reproduisent dans la relation de soin : le thérapeute peut en venir par douter de ses compétences, ou éprouver un sentiment d'impuissance, sa pensée peut s'en trouver entravée.

Pour cela, il est légitime de se demander ce qui opère si fortement dans le lien entre le PN et autrui, lien si étroit que la séparation semble problématique, au point que l'un et l'autre paraissent comme aimantés. Ce lien ne serait-il pas sédimenté par des émotions, des aspects du passé qui seraient impensables ? des souffrances intenables qui, si elles étaient mises au jour, seraient choquantes ? des infidélités scandaleuses, des haines rentrées, des rancœurs, des secrets de famille honteux, des cris de révolte étouffés ou de vagues irreprésentables ? Ces émotions et ces meurtrissures jouent un rôle majeur dans l'abus que constitue toute PN et dans sa virulence.

Ce lien est par conséquent peu rassurant. En vérité, le PN et l'autre sont liés, mais non pas « attachés », car l'« attachement » suppose une préoccupation réciproque. Au détachement émotionnel se substitue l'emprise (j'en tenterai une interprétation plus loin).

Chacun des membres de la relation détient une pièce du puzzle. Quand on les rencontre séparément, les aspects inconscients ont du mal à apparaître. C'est seulement quand le thérapeute travaille en considérant l'ensemble du lien ou avec le groupe que ce qui était irreprésentable se trouve en condition d'arriver à la conscience, la voie étant alors ouverte pour en saisir la signification. De là l'intérêt à recourir à des thérapies de couple, à des thérapies familiales ou d'équipe institutionnelle.

Parmi les contributions utiles à notre sujet, faisons un peu de psychanalyse appliquée. En décrivant par exemple les jeux interpersonnels des personnages du *Limier*, le dernier film de Joseph L. Mankiewicz d'après la pièce d'Anthony Shaffer, ou en me penchant sur les deux familles qui s'affrontent dans la série des drames historiques de Shakespeare, les Lancastre et les York, je me suis aperçu que c'est la rivalité « fraternelle » entre aînés et puînés qui conduit à des crimes affreux, notamment dans *Richard III*, dont le personnage éponyme est le dernier membre d'une fratrie de la branche cadette des York (Eiguer, 2005). Tous ont le « goût de l'intrigue », le même qui se manifeste, dans *Othello* (Eiguer, 1997), chez Iago, qui s'appuie sur la confiance qu'il inspire et sur les fragilités de Cassio et de Desdémone. Othello finit d'ailleurs fou de jalousie. On retrouve ce même goût de l'intrigue chez Mme de Merteuil, dans *Les Liaisons dangereuses* de Laclos (Eiguer, 1997). Il faut cependant attendre la fin du roman pour qu'elle dévoile l'origine de sa rancœur et de sa soif insatiable de corruption. Le personnage de Carlos Herrera, dans *Splendeurs et misères des courtisanes* de Balzac, celui de Don Alfonso dans *Così fan tutte* de Mozart, sur un livret de Da Ponte, le séducteur de *Théorème*, le film de Pasolini (Eiguer, 2005) ou encore Arnolphe, dans *L'École des femmes* de Molière, qui orchestre un jeu de prédation morale dont sa pupille Agnès est le pion et qu'il saupoudre de voyeurisme, sont autant de précédents majeurs de PN. Quoique ces œuvres reprenant le thème médiéval de l'être diabolique, perfide, intrigant et corrupteur, on y repère déjà nettement le lien entre *formation d'être* et *PN* (voir Eiguer, 1989, 2010).

Tirés la plupart du temps de l'art dramatique, ces exemples sont éclairants, car ils mettent en scène des liens interpersonnels qui stimulent réciproquement la façon de fonctionner et de réagir des personnages. Si, à l'appui de notre propos, nous aurions pu également évoquer les nombreux récits pour enfants qui dépeignent des personnages de grands manipulateurs ou encore d'autres cas célèbres dans l'art et la littérature (comme celui de Picasso, de Schiele, de Bataille, du couple Henri Miller et Anaïs Nin ou encore des artistes du Body Art[1]), c'est que peut-être l'art, comme la clinique, permet de répondre à la question qui tiraille bien des victimes : « Comment ai-je pu tomber dans le filet tendu par un PN ? »

IV. – Le trait d'union : toute une histoire

L'expression PN doit-elle s'écrire avec un trait d'union ? À l'origine, elle désignait une perversion propre aux patients narcissiques, autrement dit la perversion des narcissiques. Progressivement, cette perversion est apparue comme singulière, l'autosatisfaction des PN étant telle qu'elle étend toujours plus son empire sur autrui jusqu'à dominer totalement son psychisme. Cette autosuffisance, cependant, est relative : le besoin de dominer des PN révèle leur faiblesse. Autrement dit : les PN dépendent de leur victime pour s'affirmer, même pour éviter de sombrer dans la dépression. C'est cette ambivalence qui nous

1. Voir A. Eiguer (dir.), *La Perversion dans l'art et la littérature*, Paris, In Press, 2007 ; et C.-L. Cziffra, *Les Relations perverses*, Paris, Eyrolles, 2012.

incite à penser que la PN est plus qu'une dérive perverse du narcissique. Le mal qui atteint les PN forme une véritable entité. D'où la pertinence qu'il y a à rattacher les deux termes par un trait d'union. Pour des raisons semblables, l'expression ne doit donc pas non plus être considérée comme un nom suivi d'un adjectif.

Dire donc que la PN est une forme de pathologie de la personnalité ou du comportement, une forme de perversion morale, c'est à la fois vrai et faux. Regardons-y de plus près. Dans la mesure où la PN devient une forme régulière de fonctionnement, elle peut intégrer le champ de la pathologie de la personnalité : elle est à l'origine, chez la personne qui en est atteinte, de gestes, d'actes, de réactions que l'on retrouve dans nombre de pathologies du comportement. Dans le même temps, elle apparaît comme une variante de perversion morale, une « perversité » détournant des buts et de la nature du lien interpersonnel, lien qui devient alors un moyen de déconsidérer autrui. Or, les perversions morales sont également des pathologies de la personnalité, et elles sont différentes de la névrose ou de la psychose par le fait qu'elles ne suscitent pas de gêne chez le sujet, et encore moins de culpabilité. À ce titre, la PN peut donc prendre place à côté du sadomasochisme, de l'exhibitionnisme ou du voyeurisme.

Mais il existe d'autres perversions, et qui n'ont pas particulièrement à voir avec la sexualité : le faussaire, le mythomane, le joueur pathologique, le cleptomane, le pyromane (Eiguer, 2007). Certains patients boulimiques, addicts, ceux qui se blessent volontairement ou se couvrent le corps de scarifications présentent des conduites perverses morales, certes, mais pas forcément relatives à la PN. Se poser la question présente un certain intérêt clinique et pronostique : il est judicieux que le thérapeute se la pose s'il veut adapter sa stratégie thérapeutique en conséquence.

En tout état de cause, que la PN soit rattachée à l'un et l'autre de ces domaines n'exclut pas qu'elle soit singulière. Il faut admettre *in fine* que la catégorie ne répond pas facilement aux critères d'une classification, ce qui peut par ailleurs expliquer le nombre croissant d'études qui lui sont consacrées et ce pourquoi elle suscite tant de curiosité : la PN semble un mystère de plus en plus impénétrable.

De fait, le cynisme dont le PN fait preuve est-il spontané ou calculé ? S'il procède d'une conviction, cela devrait se traduire par un malaise, rare dans un fonctionnement pervers. S'il est calculé, il confirme qu'il s'inscrit dans une stratégie d'asservissement.

Ces questions nous invitent à aller plus loin en nous appuyant sur la clinique.

CHAPITRE II

Définition et clinique

I. – Définition

Selon Racamier, « le pervers-narcissique se fait valoir aux dépens d'un autre » (Racamier, 1978-1980). Cette proposition surprend par sa concision et les horizons qu'elle ouvre. De fait, à la différence du sadique moral, qui de façon très impulsive cherche à éprouver une satisfaction en humiliant et en maltraitant un tiers, le PN est plutôt calculateur et peu exalté. C'est la raison pour laquelle on en rencontre tant dans les milieux de pouvoir ou aux postes à responsabilités. Face à eux, leurs victimes restent quant à elles dans la perplexité, comme paralysées ; elles se dévalorisent, éprouvent un sentiment de culpabilité envahissant ; elles finissent même par accepter de se livrer à toutes sortes de compromissions au détriment de leur estime de soi, ou par justifier, voire par exécuter des actes contraires à leurs principes.

II. – Description clinique

Dans le lien entre le PN et sa victime, tout ce qui, ordinairement, permet de différencier les humains entre eux est subverti dans le but d'accentuer le rapport de domination : la force, les connaissances, l'expérience, l'aura sociale, les privilèges qui découlent de la richesse, de la différence d'âge, de la position hiérarchique, de l'appartenance au sexe masculin.

Les PN ont le goût du risque, aiment vivre dangereusement. Dans le même temps, ils n'ont aucun respect pour les institutions. Ils s'en moquent même ouvertement, les ignorent ou encore prétendent par exemple démontrer leur supposée inutilité ou leur incapacité à procurer du bien commun. S'ils occupent des positions marginales, ils agissent comme s'ils avaient en permanence à relever un défi, à assumer une mission, cherchant par exemple à détrôner les puissants. Dépositaires du pouvoir, ils passent outre aux règles les plus élémentaires de savoir-vivre et aux principes démocratiques qui régissent tout travail d'équipe.

Tout cela, ils le font sans éprouver aucune culpabilité. Le mal est *banalisé*, pour reprendre une expression de Hannah Arendt (1963). Ils essaient d'imposer leurs propres principes, d'en faire une doctrine, comme, sous les régimes totalitaires, les dictateurs essaient de conformer tous les citoyens à un moule. De même, au sein des groupes extrémistes, les leaders amènent les individus à penser que les adversaires, notamment ceux qui sont extérieurs au groupe, ne méritent aucune considération, voire sont des sous-hommes, et dès lors qu'on est en droit de les anéantir. On dit que la haine est légitimée du moment que sont banalisées les souffrances qu'elle a provoquées.

Une sorte de subversion de l'idéal du moi, un moi-idéal mégalomane, anime bon nombre de dirigeants d'États totalitaires ou bon nombre de leaders de groupuscules : l'ambition est de vouloir faire *table rase* de toute pensée antérieure. Fonder une nouvelle morale, inaugurer une ère nouvelle, tel est leur rêve profond.

L'idéal du moi et le moi-idéal visent tous deux l'excellence, mais ils diffèrent l'un de l'autre : le premier tient compte de l'idéal d'autrui-objet ; le second se cantonne à soi-même. Le premier espère l'atteindre dans le temps ; le second, dans l'instant. Pour cela, le premier est plus modéré, voire plus réaliste dans les aspirations qu'exprime le sujet ; le second est excessif, conduit le sujet à chercher la notoriété, l'exploit, les réalisations héroïques.

III. – Proximité

Les PN passent inaperçus. Propres sur eux, ils sont même d'un contact agréable. Parfois, quelques détails discordants ou extravagants vont choquer dans leur façon de s'habiller par ailleurs convenable. Mis à part ces détails, qui révèlent qu'une partie d'eux est loin du monde (Hurni & Stoll, 1996), les PN ne sont pas des originaux : leurs goûts ne semblent pas répondre à des tendances marginales de la mode, à un plaisir esthétique, même pas au désir d'attirer l'attention. Mais derrière l'apparence bouillonne un état de tension interne, et qui s'exprime par des « explosions » verbales. Déconcertants, certains patients adoptent successivement des attitudes colériques ou sereines, hyperpassionnelles ou détachées, sans que l'interlocuteur puisse les prévoir. Elles obéissent à une stratégie reposant sur l'effet de surprise, qui empêchera la victime de penser.

Certains PN vont se déclarer coupables de fautes mineures, se confondant en excuses s'ils pensent que cela amènera les autres à se sentir proches d'eux. Ils éviteront toutefois de parler des méfaits qu'ils commettent et qui atteignent la moralité la plus élémentaire, escroqueries, délations, médisances. Leur but ? L'*utilisation* des ressources de l'autre, dont le PN a besoin des compétences ; il aime se nourrir de sa vitalité, de son enthousiasme. L'autre deviendra un *ustensile* qui pallie les talents dont le PN craint d'être dépourvu.

Dans tous les cas, le PN reste dans le déni de ses méfaits : il trouve toujours une raison « suffisamment noble » pour expliquer qu'il ait été contraint de fouler au pied certains principes, de perturber la tranquillité d'autrui, de violer son intimité, de salir sa réputation. Il sait que nous avons tous quelque chose à nous reprocher, et il n'hésitera pas à en jouer. À ce titre, que sa victime oublie quoi que ce soit, et il l'accusera de négligence ; qu'elle commette une erreur, et il lui reprochera de manquer d'affection ; sa spontanéité, il la considérera comme une agressivité larvée. Il traitera facilement l'autre de « fou ». Les actes manqués de la vie quotidienne seront interprétés sous l'angle d'une logique qui ignore l'inconscient. Tout partirait d'une « mauvaise intention ».

Les PN n'hésiteront pas à se présenter comme des victimes ayant subi des abus et des injustices. Cela les autorisera à se poser en *juge*. Face au monde, ils ont tendance à s'ériger en surmoi ; ils sont ce que l'on appelle couramment des « donneurs de leçons ». Toutefois, ils n'attaquent pas frontalement la personne qu'ils ont en face d'eux ; ils ne lui font pas nécessairement des reproches, mais ils s'expriment par allusions ou bien critiquent des tiers présentant étrangement des ressemblances avec la personne à laquelle ils s'adressent.

Prenant appui sur des exemples collectifs, ils en appellent à la « majorité », ou au sentiment d'appartenance sociale de l'interlocuteur ; ils s'appuient sur les grands principes qui permettent de vivre en société, sur la loi commune. L'effet qu'ils en retirent est d'autant plus fort. Ce type de discours se révèle très efficace pour remettre en question autrui et les rapports entre son moi et son surmoi. C'est en me faisant le porte-parole du plus grand nombre que je parviendrai en effet à m'infiltrer dans le moi d'autrui, à m'ériger en représentant de son surmoi. Dire à quelqu'un : « Tu n'as pas été correct, hier soir » est moins fort que de lui dire : « Untel pense que tu n'as pas été correct hier. » D'autres propos semblables : « On a dit en réunion que tu manquais d'efficacité », ou encore « Le groupe pense que... » ; « Comment se fait-il que tu ne sois pas au courant que... ? » ; « Tu ne t'aperçois de rien, toi » ; « Je vais être franc avec toi : les gens n'osent pas te le dire, mais... ». Dès lors, l'avis du *plus grand nombre* entre en résonance avec la représentation psychique que cette personne se fait de ses parents, et ainsi avec son surmoi.

Certes, le PN anticipe les effets de telle ou telle phrase ; il s'en réjouit même par avance. Mais au fond, il apparaît démuni. Il semble avoir soif de reconnaissance, comme ceux qui, affamés, attendent impatiemment le moment de recevoir leur nourriture. C'est ce qu'il n'admettra jamais, insistant au contraire sur le fait que c'est la victime qui a « besoin » de lui, qu'elle a pris l'initiative de nouer une relation avec lui. « C'est toi qui m'as cherché... » « C'est toi qui l'as voulu... »

Iago

Dans *Othello* de Shakespeare, Iago, suivant un stratagème complexe, intrigue pour séparer Desdémone d'Othello, le Maure, qu'il dresse pour ce faire contre Cassio. À l'origine de la situation : une brouille oppose les deux compagnons d'armes, au terme de laquelle Cassio se voit retirer la confiance de son supérieur Othello. Voulant reconquérir sa place, il ne trouve rien de mieux que de se faire conseiller par Iago. « J'ai perdu ma réputation ! » déclare-t-il, « J'ai perdu la partie immortelle de moi-même, et ce qui reste est bestial ! » (acte I). Cette façon de s'exprimer révèle son désarroi et montre qu'il dépend totalement de l'avis d'Othello. Se sentant vide, il est à la merci de ses fureurs intérieures. Le mot « bestial » est prémonitoire… Par ses manœuvres, Iago entend tirer son épingle du jeu et accéder au poste vacant de lieutenant. Pour y parvenir, il se servira d'innocents en manipulant leurs intentions, qui sont pourtant sages. Il prie par exemple Cassio de demander à Desdémone d'user de son influence auprès de son mari. Iago se dira : « En effet, tandis que cet honnête imbécile suppliera Desdémone de réparer sa fortune et qu'elle plaidera chaudement sa cause auprès du Maure, je verserai dans l'oreille de celui-ci la pensée pestilentielle qu'elle ne réclame Cassio que par désir charnel ; plus elle tâchera de faire du bien à Cassio, plus elle perdra de crédit sur le Maure. C'est ainsi que je changerai sa vertu en glu, et que de sa bonté je ferai le filet qui les enserrera tous. »

Iago s'exécute, mais il doit concevoir d'autres ruses pour être certain qu'Othello se défiera de Desdémone. Il se procure un mouchoir appartenant à cette dernière et le laisse tomber près de l'endroit où Desdémone et Cassio se donnent rendez-vous. Le découvrant plus tard, celui-ci pensera que Desdémone l'a perdu. Il le ramasse pour le lui restituer. Mais Othello, le trouvant chez Cassio, finit par penser que son épouse le lui a offert en gage d'amour. La suite est tragique. Fou de jalousie, le Maure tue l'innocente.

L'intrigant est donc parvenu à séparer les amants et à semer la mort. Il n'en obtiendra rien pour lui, mais, dans son cynisme, il a prétendu démontrer l'inutilité du bien et de la solidarité.

Comme Claudius, l'oncle d'Hamlet, glissant un poison mortel dans l'oreille de son frère, le père de son neveu, Iago va *glisser* une « pensée venimeuse dans l'oreille » d'Othello. Shakespeare a écrit *Hamlet* avant *Othello.*

A-t-il lui-même fait le rapprochement ? Je me permets en tout cas l'association, qui en dit long sur la volonté meurtrière de Iago. On reconnaît toute la violence haineuse que contiennent ses médisances. Les mots peuvent tuer.
Claudius réussit à remplacer le père d'Hamlet sur le trône, comme il réussit aussi à séduire sa belle-sœur, qu'il finit par épouser. Dans les deux tragédies, la rivalité, la jalousie et l'ambition politique se rejoignent dans l'horreur.

IV. – Variantes cliniques

Racamier évoque des variantes de PN permanentes, plus ou moins stables, et passagères, celles-ci pouvant accompagner d'autres structures pathologiques de *façon défensive*, survenant à la suite de ruptures ou de traumatismes majeurs. Il convient d'abord de remarquer que certains patients se présentent délirants. Et parfois ils le sont vraiment : illuminés, ils se croient en relation avec Dieu, ce qui les autoriserait à entraîner des adeptes, à les abuser. Si, d'un point de vue clinique, on les reconnaît comme des psychotiques, sur le plan social ils suivent simplement une logique utilitariste.

Dans cette catégorie défensive, il est possible d'inclure des patients-limites et des psychotiques, qui, par la PN, retrouvent un certain équilibre, renversent le sentiment pathologique d'intrusion en devenant dominateurs et envahissants. Sans la PN, ils seraient submergés par l'angoisse et paralysés par la perplexité. Aussi observe-t-on des patients à tendance *sensitive* qui se disent négligés, malmenés, harcelés, et ce, de manière à susciter la pitié, en même temps qu'ils expriment de la réprobation à l'encontre de leurs prétendus agresseurs, abusés par des individus qui auraient pour but de leur porter préjudice et chez qui ils remarquent particulièrement ce type de conduites pour mieux les amplifier, les déformer. Aussitôt, ils triomphent devant leurs accusés qui, déçus et désorientés, restent sans voix pour se défendre. Prenant appui sur des faits avérés, les PN échafaudent des scénarios qui les présentent en victime innocente et forcée. Des tiers, qui adhèrent à leur point de vue, exprimeront à leur tour de la réprobation en jugeant négativement la personne désignée comme fautive.

Chaque variante de psychose risque de produire des formes particulières de PN. C'est pourquoi il me paraît nécessaire de souligner que certaines réactions de patients maniaques peuvent passer pour des symptômes de PN alors qu'elles sont simplement de l'agitation.

V. – Les défenses

Les patients pervers moraux trouvent régulièrement des techniques pour se défendre, qui vont du clivage-déni au contrôle en passant par la rationalisation.

Le clivage-déni du moi conduit le patient à faire coexister deux vérités contraires sans qu'il s'en montre perturbé le moins du monde. « Je sais et je ne sais pas. » Cette défense peut s'appliquer à la perception qu'il a de lui-même et du monde, mais – et c'est plus grave – elle peut aussi être le signe que le sujet fonctionne selon un double registre : d'un côté père et mari « exemplaire », il se révèle, d'un autre côté, impitoyable avec le personnel de son entreprise. Le contrôle psychique renforce la dichotomie et la rend opérante. Il n'est pas rare que, dans les domaines où il se montre « irréprochable », le patient devienne même hypermoraliste. Il exerce alors une tyrannie sur les autres, dont il raille tout « écart de conduite », se montrant d'une rigidité et d'une vigilance suraiguë. Narcissiquement attaché à sa magnanimité, il prétend n'être exigeant que par souci de perfection. Ce faisant, il se dédouane habilement de son immoralité latente, qu'ailleurs, dans le cadre d'autres liens et dans d'autres contextes, il exprimera sans gêne.

Lorsque l'on évoque la façon dont le PN attribue aux autres ce qu'il ne supporte pas chez lui, il est exact de parler d'*identification projective*, et ses reproches sont d'autant plus virulents qu'il s'en prend à ce que les autres ont de plus précieux. Ici, l'identification projective n'est pas seulement un mécanisme « expulsif » ou « évacuatif », elle s'inscrit dans une stratégie particulière. Au fond, le PN a besoin de *déposer* dans l'autre ses douleurs et ses paradoxes, qui lui sont insupportables.

VI. – L'intimité psychique du PN

Un être qui passe le plus clair de son temps à découvrir les failles des personnes qu'il abuse, à imaginer comment les accentuer, à s'en servir pour augmenter son pouvoir, ne trouve pas assez de disponibilité d'esprit pour réfléchir à lui-même ou pour s'amuser. De plus, il redoute de s'égarer en considérations qui risquent de faire peser sur lui une quelconque responsabilité. S'il pense, c'est surtout au prochain mauvais coup qu'il prépare.

Au vu de ces considérations, on pourrait conclure que l'intimité du PN est fade, plate, incolore, alors que son intériorité recèle bien des plis et des anfractuosités. En thérapie, ils peuvent se manifester au décours d'une cure longue, quand les barrières et les défenses cèdent. Sinon, le PN pense constamment à une façon de neutraliser les conséquences de ses méfaits. Il les méconnaît en tant que telles, mais il y pense, et aux moments de doutes succèdent des ruminations qui se soldent par de nouveaux stratagèmes de conquête et d'emprise. Car il déteste se tourmenter, « se prendre la tête ». Il fuit la honte, tandis que, par narcissisme, il entend se venger de tous ses prétendus détracteurs.

Hormis ces moments de doute, son intimité est pauvre en jeu ; on n'y trouve pas de personnages fantasmés ; rares sont ses scénarios prédictifs. Et s'il se sent « coincé » dans une situation qui remet en cause son pouvoir, il se met aussitôt à la recherche de nouvelles dupes et éventuellement d'alliés. Son intimité traduit malgré tout une subjectivité fade : aucun recul sur soi, déni des difficultés, nul rêve.

Cet appauvrissement de la vie fantasmatique n'est pas sans rappeler ce que vivent nombre de patients psychotiques, pervers, psychopathes, psychosomatiques. Mais qu'est-ce qui les différencie ?

CHAPITRE III

Diagnostic

I. – Diagnostic positif

Certains traits sont caractéristiques du PN et permettent de confirmer le diagnostic : la mégalomanie, le calcul, le souhait d'assujettir et d'humilier, l'attitude prosélyte, un discours cynique justifiant tel ou tel choix, l'impétuosité malgré une attitude par moments séduisante, le goût pour l'intrigue et le plaisir de corrompre. Tout « réussit » au PN : partout il est « efficace ». Il n'est pas franc et il joue un subtil jeu de dissimulation, que le clinicien détecte dans un second temps, lorsqu'il parvient à mettre au jour les contradictions et les incohérences de son discours.

Une spécificité est cependant à remarquer : c'est souvent quelqu'un d'autre qui oriente le thérapeute vers le diagnostic, à savoir quelqu'un qui fréquente effectivement un sujet PN. Reçu en consultation, ce tiers se plaint de passer par des moments d'incertitude, de confusion ; il a l'impression d'être inutile, ressent un profond découragement à force de tentatives infructueuses pour progresser. Pour des raisons minimes, il s'adresse les pires reproches ou présente des troubles somatiques inexpliqués. Sa pensée est désordonnée. Il a du mal à rester attentif et à se concentrer. Il se sent déshonoré. Ses ruminations l'entravent et il a perdu ses capacités de travail. Il dort mal. Les choses lui paraissent avoir perdu en intensité, en saveur. Rien ne parvient à le transcender. Les rencontres qui jadis lui apportaient de la joie, ses passe-temps ou les livres qui le passionnaient lui paraissent désormais insipides.

Des affects et des idées de ces personnes blessées peuvent évoquer des troubles sensitifs, une dépression, un désordre-limite, mais les symptômes n'entrent pas dans le tableau clinique classique et aucun diagnostic clair ne se dégage. En vérité, cet état inintelligible peut être la conséquence de rapports dégradés avec un conjoint, un ami, un associé, un autre employé, un employeur, un parent ou un enfant. Ces patients se demandent si l'une de ces personnes de leur entourage qui leur a toujours semblé fiable – et qui comptait pour eux – n'essaie pas en fait de les manipuler. Peu à peu, ils ont repéré des mensonges, ils ont noté que les promesses qu'on leur avait faites n'étaient pas tenues, ils se sentent victimes d'injustices, leurs compétences sont désavouées, ils ne reçoivent pas la reconnaissance qu'ils méritent pour des services qu'ils ont rendus. Ce sont parfois des déceptions curieusement moins graves que d'autres abus qu'ils ont pu subir, mais suffisantes pour tirer la sonnette d'alarme.

Juliette

Juliette, 35 ans, était enchantée d'avoir rencontré un homme attrayant mais « curieux ». Au bout d'une année de vie commune, il a commencé à lui dire de prendre ses distances avec ses parents, chose qu'elle a acceptée avec soulagement, car elle ne s'entendait pas à merveille avec sa mère, « acariâtre », « envahissante », une mère qui critiquait régulièrement ses choix sentimentaux comme elle le faisait d'ailleurs de ceux de ses deux frères plus âgés qu'elle. Ensuite, ce même conjoint, ne trouvant pas à son goût tel ou tel des amis de Juliette, l'a priée de ne plus les fréquenter. Il l'a progressivement empêchée de les inviter chez eux. Il s'exaspérait s'il apprenait qu'elle leur avait téléphoné, exposant avec force détails son point de vue et décriant l'influence, selon lui nocive, qu'ils exerçaient sur elle. Il s'en prenait à certains aspects de leur passé ou de leur tempérament pour lui déconseiller de garder le contact. Juliette a préféré ne plus les voir, ne plus leur écrire ni leur téléphoner. Son cercle de relations s'est réduit, puis il est devenu inexistant. Juliette ne trouvait rien à objecter, soulagée plus que satisfaite de la tournure des événements. Son conjoint ne la « poursuivait » plus de ses arguments et elle imaginait que, n'ayant plus rien à lui objecter, il allait se consacrer désormais à lui parler de sujets plus plaisants. Mais il ne l'a pas laissé tranquille pour autant : Juliette avait un réseau important de relations, qu'elle s'était surtout constitué au cours de ses activités commerciales, où son savoir-faire et sa sympathie étaient très appréciés.

Entre-temps, elle est devenue enceinte, et son compagnon n'a plus cessé de surveiller ses contacts et son entourage. Juliette se reprochait de lui avoir rapporté les commentaires qu'émettaient sur lui sa mère et ses connaissances.

Elle s'est même dit que c'était mieux pour elle de ne plus les voir. Sa propre tendance à s'appuyer sur les avis des autres lui paraissait maintenant un signe d'« immaturité ». Elle a néanmoins été choquée en constatant que son conjoint s'introduisait dans son ordinateur pour lire ses mails et qu'il enregistrait ses conversations, mais elle s'est persuadée que la naissance de leur enfant pouvait changer les choses. Il ne la menaçait pas ; il ne lui faisait pas peur. Simplement, moqueur, il la critiquait.
Ne supportant pas qu'elle soit fatiguée ni qu'elle rencontre des troubles physiques lors des premières semaines de grossesse, il a eu des gestes rudes, voire brutaux à son égard, lui reprochant son manque de « disponibilité ». Maintenant, il partait souvent en déplacement « pour le travail » sans donner d'explication ni se soucier de prendre de ses nouvelles. Elle pleurait en silence. Personne ne venait la soulager ; ses journées sont devenues horribles : elle était hantée par la crainte qu'un malaise ne survienne et que personne ne lui vienne en aide. Son imagination ne lui était d'aucun secours ; elle se sentait à court d'idées. Vers la fin de sa grossesse, elle a pu comprendre que l'isolement où elle se trouvait la priverait de la possibilité de recourir à quiconque et, à bout de forces, elle a appelé sa mère au secours. Celle-ci a eu les bons gestes : elle l'a fait hospitaliser et l'a accompagnée durant l'accouchement. Son conjoint a trouvé le moyen de lui faire une scène après qu'il eut croisé dans la clinique la mère de Juliette et d'autres membres de sa famille. En quelques semaines, Juliette a pris conscience du mal que lui causait son conjoint et a décidé de se séparer de lui. Quelques mois après, elle est venue me voir et nous avons commencé une thérapie.

II. – Diagnostic différentiel

Véritable défi lancé au praticien, la PN peut se révéler très proche de certains tableaux cliniques. C'est pourquoi on a mis si longtemps à la cerner. Les différences sont toutefois plus importantes que les similitudes : parmi les psychoses qui s'en rapprochent, on trouve la paranoïa et la psychose maniaque ou maniacodépressive (PMD) en phase maniaque ou en phase non critique ; parmi les perversions, le sadisme moral ; et parmi les conduites pathologiques, la psychopathie.

Dans la *paranoïa*, ce sont le sentiment de persécution, l'attitude soupçonneuse, la volonté de terroriser, la revendication (selon la variante) qui prédominent. Le PN, quant à lui, fait rarement peur ; bien qu'il essaie d'humilier ou d'éblouir son public, il vise l'emprise plus que l'intimidation. Le paranoïaque s'éloigne du monde ; misanthrope, il essaie plutôt de rester à l'abri des contacts qui risqueraient de le déranger, de le remettre en question, de « le souiller ». Le PN cherche plutôt à se lier à autrui, certes dans la limite de ses moyens et en fonction de ses intérêts. Le paranoïaque a une lecture erronée de la réalité, comme l'attestent deux traits :

(1) Des indices sommaires lui paraissent suffisants pour se faire une idée de la « nuisance » et du « danger » que représentent les intentions d'autrui. À partir de ces indices, il se hâte de « confirmer » ses *a priori*, l'idée de complot, par exemple.

(2) Des gestes d'attention, de la sollicitude, des signes d'amour, il se les imagine comme procédant d'intentions irrémédiablement négatives. Je me souviens d'une patiente qui avait l'habitude de dire : « Méfie-toi, et tu trouveras… »

Le paranoïaque garde longtemps en mémoire le souvenir des « nuisances subies », des « signes de déconsidération » dont il se croit la victime. Comme il est obnubilé par la manière dont il est traité, il interprète rapidement tout comme un « manque de respect ». Ces souvenirs sont toutefois déformés : en puisant dans sa mémoire, il fait des rapprochements hasardeux, alambiqués ; en réalité, il est franchement délirant. Le rapport du paranoïaque au passé est singulier, fait de rancœurs inextinguibles. À tout moment, et alors qu'on le croyait guéri, il peut recommencer à pourfendre ceux qu'il désigne comme ses « adversaires », ce qui fait dire que ces patients « ne guériront jamais ». En vérité, ce qui, en eux, est altéré, c'est leur capacité à se représenter le passage du temps.

Il en va différemment chez le PN. Il partage certes avec le paranoïaque un goût pour les constructions rationnelles, mais il les subordonne à ses projets d'emprise. De même, PN et paranoïaque éprouvent tous deux de la haine envers autrui, le monde, la société, mais alors que le second imagine ou délire en prétendant leur nuire ou les détruire, le premier attend son heure pour se venger, et il s'y prépare.

Les traits de la personnalité du PN peuvent également présenter de nombreuses similitudes avec celles du *maniaque* : toute-puissance, triomphalisme, déni de réalité, désir de tout contrôler, mépris... Cependant, le PN n'est pas agité comme le maniaque. Quand il ne délire pas, celui-ci est même plutôt hypertendu. C'est pourquoi il est toujours possible de les confondre lorsque le patient maniaque n'est pas en phase nette de décompensation. Si, par exemple, ce dernier commet un acte transgressif, s'il consent à des dépenses irraisonnées en émettant des chèques sans provisions, c'est que son sentiment de toute-puissance l'y autorise, et non pas forcément parce qu'il est dépourvu de tout scrupule, comme c'est toutefois le cas chez le PN.

Bien que le fonctionnement mental du PN ressemble à celui du *cas-limite*, il a des caractéristiques qui lui sont propres. Le PN peut s'attacher à effacer les frontières identitaires. Il croit que l'autre a les mêmes orientations que lui, qu'il partage son goût de l'emprise. Cela étant, le PN est peu apte à capter un signe de désir chez autrui. En d'autres termes : il est peu sensible à la différence. Le patient-limite, quant à lui, se vit plutôt comme un étranger qui se regarde du dehors.

Contrairement au *sadique moral*, le PN, rappelons-le, n'éprouve pas spécialement de plaisir à faire du mal ou à humilier, et s'il fait montre de dédain, c'est au deuxième degré qu'il s'en félicite, comme pour confirmer l'ascendant qu'il a pris sur sa victime. Plus précisément, il préfère même l'inciter à adopter des comportements d'échec. L'autre en conclura par lui-même qu'il est un « incapable ». Le sadique, lui, méprise par la parole ; le PN, en induisant à agir. Il n'en reste pas moins que, dans les deux cas, ils visent à faire du mal. Autre différence : le sadique moral aime jouer avec l'objet de ses sévices (en se moquant de lui, par exemple), attitude qu'adopte rarement le PN. Si son sadisme tourne au masochisme, le patient sadique puise dans son imaginaire comme à une source de créativité non dépourvue d'esthétique. Ce qui ne veut pas dire qu'il faille devenir masochiste pour être créatif…

Quant à la différence entre PN et *perversion sexuelle*, elle est claire : le PN ne cherche pas à dominer par le sexe, quoiqu'il ne soit pas exceptionnel d'observer une association entre agression sexuelle et PN, notamment en famille (dans les cas de pères incestueux, par exemple).

Autre défi clinique : distinguer PN et *psychopathie*. Bien que certains symptômes se présentent sous des formes semblables, ces deux pathologies sont structurellement différentes. Pour le comprendre, il faut s'en remettre à ceux qui ont noué un lien interpersonnel avec ces patients pour nous expliquer comment se structure leur relation. Au contact du psychopathe, ils déclarent rester sur le qui-vive, par peur que le psychopathe ne devienne violent et ne passe à l'acte délinquant. Au contact du PN, ils disent se sentir narcissiquement amoindris, dupés, trahis.

Pour un aperçu synthétique de ces questions, le tableau comparatif ci-dessous établit les *Similitudes et différences entre PN et psychopathie.*

Similitudes et différences entre perversion-narcissique et psychopathie

	Perversion-narcissique	*Psychopathie*
Froideur émotionnelle	+	+
Propension à agir	+ avec tendance à l'impétuosité	+ avec tendance à l'impulsivité
Manipulation	+ et instrumentalisation de l'autre	+
Empathie	Absence	Absence
Attachement à autrui	Absence	Absence
Respect pour autrui	Absence	Absence
Intériorité	Absence	Absence
Capacité d'introspection	Absence	Absence
Capacité de se mettre à la place d'autrui	Absence	Absence
Conscience du mal provoqué	Absence	Absence
Idéaux	Absence	Absence
Rancœur ; vœu de vengeance	+	+
Capacité de se projeter dans l'avenir et de concevoir un projet	+	–
Violences physiques	– sauf s'il y a échec de la manipulation	+
Éprouve jouissance	–	±
Maîtrise de la parole	+ rhétorique cynique, sarcastique	±
Persuasion, prosélytisme	+	–
Mensonge pathologique, mythomanie et imposture	+	Rarement

	Perversion-narcissique	*Psychopathie*
Calcul, montage de stratagèmes	+	–
Utilitarisme	+	±
Prendre autrui comme un instrument et le fétichiser	+	–
Séduction narcissique	+	–
Paradoxalité	+	±
Identification projective	+ tendance à induction de pensées, comportements et émotions suscitant admiration et idolâtrie	+ tendance à faire peur
Vampirisme et prédation psychiques	+	–
Attitude secrète, dissimulation	+ « Le pervers avance masqué »	–
Narcissisme	Omnipotent, il justifie emprise et abus d'autrui	Omnipotent, il affirme avoir besoin de réparation
Pensée	Dominée par les processus secondaires. Elle est logique mais orientée de préférence vers l'aménagement de la manipulation. Revendication profonde : « Je crée un autre ordre »	Dominée par les processus primaires Tendance à la susceptibilité et à la persécution Revendication profonde : « Le monde me doit quelque chose »
Surmoi	Peu constitué, tendance à devenir lui-même le surmoi de l'autre	Archaïque et impitoyable
Histoire personnelle	Abandon, carences et non-reconnaissance filiale	Abandon, carence de soins, négligences
Transgénérationnel	Aïeuls et ancêtres abuseurs, tricheurs, escrocs, etc.	Aïeuls et ancêtres marginaux, délinquants violents, etc.

« + » signifie présent ; « – » absent.

III. – La PN, synonyme de perversité ?

Il semble éclairant de noter que, parfois, l'amalgame est fait entre perversité (perversion morale, perversion de comportement) et PN.

Cette juxtaposition n'est pas dépourvue de sens dans la mesure où le PN, parce qu'il cherche à intervenir directement dans le fonctionnement psychique d'autrui, souffre d'une forme de perversité particulièrement virulente. Toutefois, je ne suis pas certain que ce type de fonctionnement soit présent dans toutes les perversités. Les pervers, certes, présentent les mêmes prédispositions, mais, s'ils tissent des liens interpersonnels qu'ils tendent à gouverner, ils ne cherchent pas à les instrumentaliser.

En vérité, cet amalgame s'explique surtout par la note narcissique qui caractérise toute perversité, une dimension qui se manifeste principalement par l'égo-syntonie, c'est-à-dire l'absence de malaise intérieur et de sentiment de culpabilité. Toutefois, ce point commun n'est pas suffisamment déterminant pour qu'on en néglige la singularité de la PN.

Défenses PN chez un patient psychotique

Thierry, patient psychotique qui tient en horreur les autres patients de l'hôpital de jour où il suit une cure, illustre l'une des variantes de PN. Il présente des défenses PN qui s'inscrivent dans le sillage de sa maladie dissociative, mais son cynisme et sa perfidie sont typiques. Sa froideur est proverbiale ; elle le rend insaisissable. Au cours des entretiens préliminaires à sa thérapie, je me suis proposé de travailler exclusivement sur son fond psychotique, dans l'espoir qu'ainsi sa dimension PN s'atténue ; la réalité m'a démontré combien cet objectif était illusoire.

Depuis les débuts de sa maladie, qui s'est déclarée autour de ses 15 ans, il a des hallucinations visuelles : il voit des personnes qui le regardent fixement. Dans son discours se mêlent provocation, mépris et haine : en réunion, il est très dynamique dans les débats parce qu'il a « toujours quelque chose de nouveau à dire, à la différence des autres patients », mais régulièrement il provoque l'effarement en tenant des propos sarcastiques et désarmants. Dès son premier entretien avec moi, il m'explique s'être beaucoup occupé de sa petite sœur, au point d'entrer en rivalité avec ses parents, scandalisés par la façon dont elle est devenue « insolente à leur égard ». Son but, dit-il, c'est de dénoncer les abus des adultes ou des éducateurs « hypocrites » qui sont « par ailleurs jaloux de son intelligence exceptionnelle ».

Une fois qu'il a eu épuisé ses invectives, il m'a fait progressivement confiance et m'a régulièrement donné des nouvelles de ses cruautés hebdomadaires. À un autre patient, il a pu dire qu'il avait « une tête de suicidé », ou déclarer à un autre qu'il connaît sa nouvelle compagne et qu'elle est « lesbienne ». « Il aurait pu trouver mieux. Celle-là va le démolir. » Il se justifie en prétendant proposer une thérapie d'anti-soutien aux autres patients et à ses proches. Thierry adore déstabiliser les jeunes comme lui, et il ne se prive pas de souligner les contradictions qu'il relève chez les soignants et les psychologues.

Nombreux sont ses propos qui témoignent de la rivalité paternelle qu'il nourrit à mon égard… Au cours d'une séance, il reste dans ce registre, mais en désignant des mathématiciens, qui, pour lui, n'ont qu'un seul but : se mettre au-dessous de la mêlée et tout contrôler. Ceux qui cherchent la perfection sont légion, mais ils se fourvoient. « L'homme est perfectible, mais si rarement que c'est peine perdue. » Un peu pour m'expliquer les raisons de son comportement, Thierry dit démontrer aux gens que leur force est illusoire. Il veut « les corrompre », dit-il avec un air de malice.

En fait, son intention, m'avouera-t-il plus tard, c'est de culpabiliser les autres. S'il les voit gênés et qu'ils se confondent en excuses, il rayonne. À présent, il étudie la façon de montrer aux « psy » que, s'ils font ce métier, c'est parce qu'ils se sentent coupables de quelque chose qu'ils cherchent à se faire pardonner. Sinon, pourquoi font-ils preuve de tant de dévouement ? Mais de toutes les façons, « le résultat n'est pas formidable, vous savez ?! ». Quand il aura mis au point sa technique de déstabilisation, il promet de m'en faire part.

Bien évidemment, j'avance très prudemment dans mes interventions. Je me prends plutôt au jeu en bavardant sur des sujets qui l'intéressent, la littérature, le sport. Pour analyser ses affects, nous partons souvent de ses théories et de ses centres d'intérêt.

Il voit des figures sur les murs de la salle de thérapie. Une fois, il me reproche de faire bouger les tableaux et semble très inquiet. Je lui dis qu'il doit me considérer comme quelqu'un de très fort et de très puissant pour agir ainsi sur les objets par la seule force de la pensée. Il reste silencieux un moment, avant de critiquer de nouveau les arrogants. Peu après, pourtant, il parle de ses faiblesses ; il s'est mis beaucoup de gens « à dos » et personne ne veut de lui.

Par la suite, il me rapporte le récit de deux rêves. Dans le premier, il se trouve dans un jardin dense et sauvage ; il emprunte une allée qui n'a pas été fréquentée depuis longtemps et au bout de laquelle il prend une pioche, foule le sol et découvre un coffre : un trésor ! Il se dit

heureux et chanceux. Dans ses associations, il dit que ce trésor secret lui rappelle sa famille, au sein de laquelle beaucoup de choses restaient cachées, notamment la fin « lamentable » d'un grand-oncle qui a fait faillite. Tout le monde semble en avoir été marqué ; cela dure encore. Dans le second rêve, il est dans une foire en compagnie d'amis ; ils sont sur des montagnes russes. La peur est intense, mais ils s'amusent. Lorsque la roue s'arrête, les animateurs (de l'hôpital de jour) ou les vigiles (de la foire) lui lisent une sentence : « Maintenant vous allez être exécutés parce que vous avez le sida. » La fête est finie. Dans ses associations, il se demande s'il s'agissait de montagnes russes ou d'un manège. Il s'amuse bien, avant que la mort n'arrive. Cela peut signifier, lui dis-je, que le plaisir est condamné. Par qui ? Par lui-même ? Parce que ce plaisir a été partagé par d'autres jeunes ?
En rêve, Thierry sait éprouver de la culpabilité, ce qui peut étonner de la part d'un patient si arrogant. A-t-il choisi d'en faire son secret ? Je me demande dans mon for intérieur : le manège n'évoque-t-il pas la manipulation et les montagnes russes ne renvoient-elles pas au désir sexuel, homo- ou hétérosexuel ? Il dira plus tard que malgré la méfiance que lui inspirent les autres patients de l'hôpital de jour, « avec eux, quand on fait la foire, on oublie tout ça ».
Je reste intrigué par la phrase qui fait mention du sida. Il l'éclaire d'un jour nouveau quand il m'apprend, des mois plus tard, qu'autour de ses 9 ans il a subi une agression sexuelle lors d'une visite chez des personnes proches de sa famille, dont le fils avait quatre ou cinq ans de plus que lui. Il y est resté pour dormir. La nuit, le garçon s'est introduit dans sa chambre et l'a abusé. Paralysé, honteux, Thierry n'a jamais osé en parler. Son sentiment s'ancre dans le souvenir de cette humiliation et de la totale impuissance qui s'en est suivie. Il s'est alors juré

de ne plus jamais subir d'affront et, en revanche, de le faire éprouver aux autres, de leur faire sentir sa « force », sa « supériorité », pour qu'ils sachent ce que c'est que de se sentir sous l'emprise d'un autre sans savoir comment réagir. « Vous êtes atteint du sida », cela représente le stigmate de cette agression sexuelle. La relation qu'il a établie entre son désir de domination et cet épisode est intéressante.

Il me dira ultérieurement, plus circonspect : « Vous savez, la vie, c'est comme chez Corneille, tout le monde aime qui ne l'aime pas. » Cette phrase est chargée de sens différents, par rapport au transfert – ma personne et notre travail sont autrement investis –, par rapport à certains individus qui, pense-t-il, le rejettent, ce qui le conduit à être odieux à leur égard. Il admet finalement sa difficulté à supporter sa solitude.

Si le cas de Thierry a évolué positivement, c'est que je me suis adapté à lui, au point que, plus d'une fois, je me suis surpris discutant avec lui comme si nous étions deux adolescents insouciants qui « veulent changer le monde ». Il m'est parfois arrivé d'oublier que nous étions en train de faire une thérapie.

En cherchant à me placer là où il pouvait se sentir au même niveau que moi, en démythifiant de cette manière ma supposée supériorité, j'ai pu contribuer à démythifier son sentiment de toute-puissance.

CHAPITRE IV

Comment devient-on pervers-narcissique ?

La question nous invite à interroger l'organisation des liens intersubjectifs en trois temps : les liens premiers du futur PN ; le lien qu'il établit avec la personne qu'il abuse ; le lien qu'il noue avec son thérapeute. Ces modalités sont-elles concordantes ou discordantes ? Faut-il voir entre elles une relation de cause à effet ? Si oui, à quel niveau ?

I. – Notes psychopathologiques sur le père, la mère, l'objet

Parler du père du PN et de son rôle est chose difficile dans la mesure où, dans la réalité clinique, on ne le rencontre guère : soit il est inexistant ; soit il se révèle le plus banal des pères. Cela étant, le PN, à la différence du psychotique, n'ignore pas ce qu'est un père, et *à défaut d'en avoir un, il a l'ambition d'en devenir un.* C'est même le projet qu'il s'applique et s'acharne à mettre en œuvre. Il suppose ce que signifie l'autorité du père, mais pas qu'elle se dégage de sa fonction symbolique : le père est le garant de la transmission des normes et des règles que chacun est censé respecter. Pour le PN, l'exercice de l'autorité serait un simple effet de parade, de prestance.

Or, comment peut-on être père si l'on n'en a pas eu un ? La psychanalyse nous apprend qu'on le peut, en confondant autorité et maîtrise anale.

Par *maîtrise anale*, il faut comprendre une domination obtenue par le contrôle et la rigueur qu'on s'impose à soi et qu'on impose à ses proches sous la forme de contraintes rythmant la vie quotidienne de la famille : ordre, discipline, rituels de propreté, rangement, horaires des repas… Toute désobéissance aux ordres, tout acte de rupture des contrats établis, est lourdement condamnée. Or, dans le cas du lien qu'instaure l'agent PN, la maîtrise ainsi exercée manque de sens, car, en outre, il n'énonce ni n'établit jamais aucun contrat.

Or, une autorité répond habituellement à une logique ; elle est équitable, elle rassure, elle vise à favoriser la transmission psychique du legs familial en renvoyant aux représentations ancestrales. L'autorité rappelle donc les racines et fait de celui qui en est le détenteur immédiat un intermédiaire entre les ascendants et les descendants, entre la loi et ses usagers. Le père, donc, est aussi assujetti à la loi dont il est le porte-parole. Les membres de la famille adoptent la loi ; ils en font le seuil de leur surmoi.

Si je dis que le PN confond introjection et *cannibalisme oral*, c'est en référence à sa volonté de s'approprier, par la violence, les qualités d'autrui, volonté qui n'est d'ailleurs pas dépourvue d'envie.

Dans le même temps, si le PN souhaite occuper la place du père, c'est pour traiter le père d'égal à égal. Telle est la signification de la formule « père-version » proposée par Lacan (1966). Dans ce défi que se lance le PN, le renversement du père s'opère chaque fois qu'une figure d'autorité se présente.

Toutefois, bien qu'il n'en ait pas, le PN discerne l'influence du surmoi chez les autres. Se posant en prophète d'une nouvelle loi, il édicte un nouvel ordre de fait. Pour cela, il se déclare inspiré par un savoir ésotérique, prétend être l'objet d'une sorte de révélation (voir Rosolato, 1969). Il a été désigné, croit-il, pour remplir une mission : celle de crier aux quatre vents sa conviction de la « persistance du phallus maternel » (déni de sa castration). En cherchant à se lier avec autrui, il est en quête d'un adepte : comme Iago, il a quelque chose à démontrer.

Le PN imite – mais à sa façon – un processus courant, l'éducation, en la réinterprétant comme une « création d'être », une *conception* spirituelle.

En tout état de cause, quand il abuse de sa proie, le PN veut plus précisément la pénétrer et la diriger de l'intérieur, comme le fait naturellement le surmoi dans l'appareil psychique. Autrement dit : *il souhaite se substituer à un objet interne significatif, à la représentation du père.* Nous parlons d'un vœu qu'il forme, ce qui ne veut certainement pas dire que ce vœu suffit à transformer le fonctionnement intérieur d'autrui. Pour que le PN y parvienne, la proie devrait elle-même se conformer à ce vœu. Dans l'assujettissement où elle se trouve alors, elle incorpore la figure du PN et renonce à ses attachements et à ses référentiels.

Pour comprendre ce processus, il convient une fois de plus d'interroger la notion d'intersubjectivité : entre le PN et autrui, il y a une synchronie qui rappelle celle qui a lieu entre la mère et le nourrisson, et qui marque les individus pour toujours. Il est vraisemblable que les personnes qui se retrouvent dans la situation d'être abusées sont surdéterminées par une tendance, passagère ou permanente, à l'imitation, tendance qui résulte de l'affaiblissement de leur moi. Ce sont ces raisons qui m'incitent à les appeler *victimes-complices inconscientes*.

II. – Prime enfance

Enfant, le PN a une mère distante, économe en tendresse. Se contentant de prodiguer les soins élémentaires, elle se montre pourtant très soucieuse d'être perçue comme dévouée et met un point d'honneur à ne jamais être prise en défaut. Si elle apprécie son enfant, elle s'intéresse moins à ses projets qu'à des qualités susceptibles de lui assurer des performances : ses muscles, son intelligence, son opiniâtreté, sa ruse, sa capacité à imposer ses points de vue. Elle l'investit des aspirations de son propre moi-idéal narcissique. Leur relation devient ainsi un miroir où se reflètent des « perfections et performances communes ». Ni l'un ni l'autre n'ont en face d'eux une personne totale, chacun ne percevant de l'autre qu'une partie, celle qui nourrit son propre orgueil. L'enfant peut néanmoins vouer une grande admiration à sa mère, bien qu'il ne soit pas rare que de multiples figures maternelles s'occupent successivement de lui.

Aux demandes de l'enfant, la mère apporterait une réponse paradoxale : quand il veut qu'on s'occupe de lui et quand il recherche de la tendresse, de la douceur, du calme, de l'attention, des jeux susceptibles de stimuler son imagination, la mère lui répond par de la sensualité en l'excitant et en lui procurant ce qui peut éveiller en lui une sensation voluptueuse, qu'il n'est cependant pas encore en mesure d'éprouver. Bientôt, de la sensualité il fera un modèle relationnel. Il en deviendra même un champion. Le père, on le comprend aisément, se vit comme exclu de cette « union sacrée ».

Dans tous les cas, le futur PN ne développera pas d'attachement véritable, faute d'être entretenu dans cette illusion d'une relation mère-nourrisson satisfaisante. Souffrance, tristesse ou sentiment d'abandon seront étouffés. L'enfant apprendra vite qu'il peut obtenir satisfaction en étant coléreux et tapageur. Tout lui est dû. Déstabiliser les autres lui paraît bientôt plus efficace que de les charmer ou de leur demander ce dont il a besoin. Fort de constater l'efficacité de sa méthode, il se considérera progressivement comme autosuffisant.

L'enfant a du mal à désigner le parent et le parent, l'enfant, car leur relation souffre d'un défaut de reconnaissance réciproque parentale-filiale. J'y reviendrai.

En somme, trois traits marquent leur lien : le manque d'attachement, l'éloge des sensations voluptueuses, l'omnipotence.

III. – La famille comme totalité

Dans la famille du futur PN et dans celle qu'il fondra se fait jour une mentalité de groupe, bien que la somme de ces individus donne une impression de dispersion. Tous semblent animés par une soif de victoires, une ambition au service de laquelle tous les moyens sont bons. Les êtres seront comme placés sur un échiquier et déplacés comme des pions. Les souffrances sont considérées comme des faiblesses, les conflits sont peu tolérés.

De telles familles présentent des marqueurs caractéristiques, mais il convient de différencier ici la famille où grandit le futur PN de celle dans laquelle il évolue, adulte. De la première, je parlerai un peu plus loin. Pour l'heure, arrêtons-nous un instant sur la famille dans laquelle le PN, adulte, se considère comme le maître et seigneur, disposant de ses sujets, se permettant tous les abus.

Si la violence domestique y est tolérée, c'est que les liens qui unissent les membres entre eux sont noués par mille fils, et depuis bien longtemps. Dans le couple à l'origine de cette famille, mari et femme établissent des pactes pour sacraliser la défense de la famille, qui est alors envisagée comme un bien suprême au nom duquel il convient de se sacrifier.

On s'expose à être sévèrement condamné si l'on fait part à des tiers du désordre qui agite la cellule familiale. Un clivage rigide oppose la famille et le monde, les autres, le reste du monde étant critiqué, déclaré perturbateur, nocif, à éviter.

Ce qui est ainsi agencé dans ces familles est donné comme normal, la domination de l'un et la servilité des autres, ses obligés. Aussi bien la moindre faveur qu'accorde le PN à l'un des membres de sa famille apparaît-elle comme un honneur, qui, à n'en pas douter, fera naître d'obscures rivalités parmi les autres obligés.

Ce modèle familial remonte parfois à plusieurs générations, et même si, dans son enfance, le PN n'a pas connu de vie de famille, il a pu recevoir une éducation sévère où la violence physique avait sa part, causant des rancunes qui, une génération plus tard, alimentent une soif de vengeance.

Généralement, ceux qui sont mécontents de l'éducation que leurs parents leur ont donnée pensent qu'ils feront mieux avec leurs propres enfants, et parfois même, pour cela, font tout le contraire. Mais qui sait si le refoulé ou le démenti ne resurgiront pas et si les excès ne se reproduiront pas ?

La violence perverse se perpétue de génération en génération, mais il est difficile de proposer un modèle unique de transmission, tant les situations sont diverses et variées. Nombre de PN n'ont pas connu leurs parents biologiques ; d'autres adultes se sont occupés d'eux ; souvent aussi ils ont eu plusieurs figures parentales à leur disposition, parents nourriciers ou institutions, comme on le verra par la suite.

Si, en revanche, la violence se reproduit de génération en génération, une caractéristique semble la favoriser : les principaux intéressés ne tarissent pas d'éloges sur leurs parents, qui ont pourtant été maltraitants…

IV. – Origine de l'être : le fantasme de la scène primitive en négatif

Dans un précédent ouvrage (Eiguer, 2005), j'ai mis en évidence que les escrocs ont souvent souffert, durant leur enfance, de carences émotionnelles qui se sont compliquées au gré de leurs différents placements en familles d'accueil. Ils n'ont pas connu de figures stables de mère et (plus fréquemment) de père qui leur auraient permis de développer une reconnaissance mutuelle et en conséquence d'établir des identifications solides. Qu'est-ce qu'un père ? Qu'est-ce qu'une mère ? Quelle est leur fonction respective ? Ce défaut a entravé la formation de leur surmoi et a également désorganisé l'ensemble de leurs représentations et de leur vie fantasmatique.

Il ne s'agit pas là de faire un rapprochement hâtif avec le fantasme du roman familial, où l'enfant, puis l'adulte, se demande s'il n'a pas été adopté ou, dans une variante, s'il n'a pas été conçu par l'amant de la mère plutôt que par l'époux légitime. Ces patients, en réalité, sont dans l'incapacité d'imaginer une origine. C'est comme si le sujet avait du mal à fantasmer *qui* l'a conçu et comment. Cette incapacité est accrue par le fait que personne ne lui a dit : « Je suis ton père » ou « Je suis ta mère » ; « Ta venue au monde a eu un sens pour moi. » Il n'a donc pas pu répondre avec émotion : « Et moi je suis ton fils. »

Faute de pouvoir fantasmer une scène primitive (où interviennent les participants de la scène d'amour fécondante), il tend à la recréer. Comme il ignore ses origines, il se fabrique une autre famille biologique et tend à faire croire aux autres qu'elle est bien sa famille. Adoptant des identités fictives, il devient un imposteur. De même, comme il ne peut fantasmer le fait d'avoir été adopté, comme il considère qu'on lui a « volé » ses géniteurs et qu'on l'a en conséquence privé d'enfance, il devient voleur. C'est pourquoi l'escroc trompe pour soutirer de l'argent. J'ai pu avancer d'autres exemples de pervers moraux chez qui se retrouve un aménagement similaire, quoique les escrocs, bien sûr, cherchent aussi à retirer de leurs méfaits un avantage financier. De là la définition de ce désordre : fantasme de scène primitive en négatif.

Ce modèle familial est fréquent chez le PN : abandons et manque de reconnaissance mutuelle entre lui et son père, entre lui et sa mère, absence de quiconque qui puisse lui dire qu'il est son père ou sa mère ou, à défaut, qui se comporte comme tels. Chez le PN, on repère des signes de mythomanie, de tromperie. Il est probable qu'ils aient la même signification que chez l'escroc.

Le PN est animé par l'ambition de transformer l'autre, de façonner l'esprit de l'autre, de finalement changer son identité. L'escroc opère de même, mais sur sa propre personne, tout en promettant à sa victime d'améliorer sa situation sociale, de l'enrichir, mais à condition... qu'elle lui transfère toutes ses économies !

La versatilité est également l'une des composantes de la personnalité du PN. Elle est particulièrement développée chez l'escroc. Si le sujet peut facilement imiter autrui et prendre une nouvelle identité, c'est qu'il ne s'identifie pas assez solidement à une figure tutélaire ; il veut être père sans en avoir eu un, sans que, face à lui, quelqu'un se soit identifié comme étant son père. Sur cet irreprésentable, il lui est facile de changer d'identité au gré des situations. Est-ce une forme de souplesse ? Non, car le PN reste cantonné à un ensemble réduit de modèles psychologiques, lesquels risquent fort d'être très opérants tant le PN pressent les penchants transgressifs insatisfaits des autres.

V. – Relation d'objet et lien intersubjectif : autrui-fétiche

Comme pour la loi et le surmoi, le statut de la relation d'objet (représentation inconsciente des figures fondamentales : père, mère, etc.) est tout à fait singulier chez le PN dans la mesure où elle est extrêmement déshumanisée : autrui est réduit à un équivalent de fétiche, c'est-à-dire à un objet matériel à utiliser et dont il apprécie l'éclat. Se vivant asséché, il garde un souvenir exaltant de la sensualité jadis connue auprès de sa mère, qui, de fait, l'a au… traité comme un fétiche. Sur ce vide, qui est différent du manque, se développent le clivage, le déni, le besoin d'imposture et la tendance à la théorisation. Privés de sensibilité, d'empathie, de compassion, ces individus considèrent les autres comme des objets matériels, sans vie ni âme.

VI. – Comment l'organisation des liens intervient-elle dans le transfert et le contre-transfert ?

Il y a une spécificité dans la façon dont le PN vit le transfert, ce qui peut susciter des réactions de contre-transfert tout aussi spécifiques. Il est d'autant plus important de le comprendre que l'on entend parfois dire que « le pervers n'est pas analysable », parce que *certains* ne peuvent pas imaginer de développer de l'empathie à son égard et qu'ils craignent d'être trompés ; *d'autres*, pour des raisons doctrinaires, c'est-à-dire pour satisfaire exclusivement des critères théoriques ; *d'autres encore* parce qu'ils ne souhaitent pas prendre en charge des personnes qu'ils considèrent comme des sauvages. Pour vaincre ces obstacles, il convient peut-être de déconstruire l'idée de demande en psychothérapie.

Que les psychiatres ne se plaignent pas d'essuyer les critiques de ceux qui, n'étant pas psy (légistes, éducateurs ou victimes), se sentent sans leur appui et sans réponse aux questions sur l'expertise et sur la thérapeutique. Et pour dissiper tout malentendu éthique, disons que, si mille traditions, parfois venues de loin (aristotéliciennes, hippocratiques…) nous incitent à nous occuper de ceux qui souffrent, il est temps aujourd'hui de nous occuper aussi de ceux qui font souffrir.

Résumons-nous. Le PN a une façon spécifique de fonctionner en groupe. Il l'influence, mais il a besoin d'un complice, d'une cour, d'un milieu où propager ses idées. Le transfert en est le pendant, non sans certaines nuances d'ailleurs : le patient ne cherche pas forcément à trouver un complice dans l'analyste ; il cherche plutôt à faire de lui un « témoin » à charge. Comment s'y prend-il ? Tout simplement en mettant au jour les insuffisances et les failles de la loi. On est capable, ajoute-t-il, de déjouer les conséquences de la loi à condition de ruser. Face à cet outrage, le témoin est censé rester perplexe et impuissant.

Parlons à présent du contre-transfert en disant effectivement que nous ne pouvons pas traiter quelqu'un sans éprouver à son égard une dose d'empathie. Mais dès lors, saurions-nous tolérer un monstre ?

Sur ce plan-là, le monde clinique et thérapeutique est différent du monde judiciaire, qui ne se soucie que de la qualification du délit, de l'application des peines et de ses suites. Les thérapeutes s'intéressent quant à eux à la personne totale. Sensibles au rôle que jouent l'interaction et l'intersubjectivité dans le lien qui unit le PN et sa victime, comment lèveraient-ils les malentendus ? De fait, les résultats de l'examen clinique peuvent s'en trouver biaisés ; les conséquences, dramatiques (comme dans le cas du procès d'Outreau).

Dans le chapitre consacré au traitement, je tâcherai de montrer comment de telles complications peuvent être évitées par une pratique et une technique de l'écoute qui n'empêchent pas le thérapeute de tenir un cap, de fixer un cadre, à savoir celui de la réparation du lien intersubjectif qui est entamé. Si ce lien est amélioré, nul doute que le lien analytique le sera aussi.

VII. – Réflexions finales

Voilà pourquoi il n'est pas inutile de se demander si l'intimité avec le PN n'est pas faite de plis et d'anfractuosités. Dire que la banalisation du mal se développe sur un vide n'est pas entièrement exact. Dans l'espace inconscient du PN, on peut trouver des bribes d'objets partiels fétichisés qui sont le témoignage de sensations uniques et très anciennes. Ce sont elles qui suscitent en lui un peu de nostalgie et surtout beaucoup de colère.

De quel manque, donc, souffre le PN ? Personne ne lui fait savoir que sa venue au monde a une signification pour lui.

CHAPITRE V

Psychopathologie et fonctionnement psychique

I. – Vampire et Pygmalion, ou la confusion des sentiments

La notion de *vampirisme* a été étudiée par Perle Wilgowicz (1991). Elle qualifie la situation qui s'installe quand, dans un lien d'emprise plus ou moins prolongé, l'un essaie de se nourrir de la vitalité de l'autre. Les exemples recensés mettent souvent en scène un parent en détresse et seul, qui a peur de se dessécher loin de l'enfant qui lui procure son réconfort. Le chagrin et le besoin pathogène de compagnie justifient alors les privations qu'il impose à ce même enfant qui, dès lors, n'a pas le droit de grandir, si grandir, c'est s'émanciper.

Le *pygmalionisme*, quant à lui, est aussi une relation asymétrique entre un adulte et un enfant, mais hors du cadre familial, l'un se proposant de former l'autre sous prétexte que celui-ci serait incomplet, inculte, sauvage, pas assez préparé pour la vie sociale et professionnelle. Ce lien se noue fréquemment entre un maître et son élève, parfois sur fond de confusion des sentiments, prétexte d'ailleurs souvent invoqué. L'élève, de son côté, idéalise la tâche éducative de son mentor et, en nourrissant l'ambition de réussir, souhaite se faire accepter par lui comme un bon partenaire. Il admet alors la sévérité de son pygmalion : puisqu'il doit être « domestiqué », quoi de plus normal que de se voir imposer telle ou telle privation ? Les réprimandes ? Il les mérite, qui peuvent aller jusqu'à la maltraitance. Garde-t-il l'espoir d'inverser la vapeur ? Quoi qu'il en soit, il importe que tous deux croient à la nécessité d'une telle entreprise, qu'ils aient une éthique partagée.

Certains couples du monde du spectacle, de la littérature, des arts fonctionnent sur ce schéma. Que la fonction de pygmalion soit assurée par l'homme ou qu'elle le soit par la femme, l'élève doit dans tous les cas finir par devenir comme le maître, son double (comme l'homme est créé par Dieu *à son image*). À l'horizon pointe l'aspiration à l'auto-engendrement : bien plus que de former une personne à une compétence déterminée, le pygmalion veut créer un être nouveau. Il est dans la démesure.

Tous les liens de cette nature, heureusement, n'atteignent pas les excès du lien PN, tout comme bon nombre de liens sentimentaux ne sont d'ailleurs pas à l'abri d'une situation d'emprise, laquelle peut même devenir un piment de la vie érotique. En tout état de cause, ce qui est caractéristique de la note PN, c'est la volonté de dominer l'autre, d'entamer son amour-propre, incompatible avec un « bon amour ». S'y manifeste une subversion de la nature spontanée de l'amour, une confusion sur le sens profond de ce que signifie « donner » et « recevoir ».

II. – Déformation dans l'organisation des instances psychiques (surmoi primitif et impitoyable)

Dans ce mode de fonctionnement, c'est l'instance du surmoi qui est sollicitée. Chez le commun des individus, elle veille, depuis l'inconscient, au respect des normes et des règles. Il n'en va pas de même chez le PN :

(1) dans la mesure où il refuse de se considérer comme coupable de quoi que ce soit, il déverse sur autrui les reproches que son surmoi adresse à son moi ;
(2) son surmoi est d'ailleurs sous l'emprise du moi-idéal ; autrement dit, pour le PN, la contrainte est à la fois dure et exigeante : elle se présente comme une mission à accomplir ;
(3) ce même surmoi se montre grave, rude, abrupt, sans nuances ; l'indulgence n'est donc pas envisageable.

Par exemple, dès lors qu'il endosse la tenue du PN, l'artiste ou le créateur devenu pygmalion en appelle souvent au devoir et à la fidélité. Il exige d'autrui qu'il prête allégeance à des principes qu'il estime supérieurs : tout doit être « sublime » ; la rencontre avec le public doit être un « envoûtement » ; nulle référence n'égale les « grands » du passé. Ce qui choque, dans ces attentes, c'est le statut de l'idéal, ce vers que le PN tend et qu'il prétend atteindre. Pour qu'il y parvienne, les autres doivent coûte que coûte se mettre à son service. Si l'on donnait la parole à son surmoi – ne parle-t-on pas de « la voix de la conscience » ? –, il dirait : pour atteindre tes objectifs tu dois te sacrifier, faire preuve de renoncement, entrer dans une ascèse. C'est pourquoi le PN vante les mérites de la discipline et du « travail forcé ». Il institue une sorte d'amalgame entre devoir et savoir. L'idée selon laquelle seul l'effort permet de réussir dissimule le fait que le PN est incapable de se passionner pour rien, d'éprouver intimement une sensation esthétique, comme la joie de goûter à la beauté dans tel ou tel art, celle d'avoir trouvé le mot juste et de réussir une belle phrase, le plaisir de constater une grande cohérence entre le fond et la forme. Chez le pygmalion aussi bien que chez son élève-victime, on espère de la sorte pallier le sentiment d'illégitimité qui les envahit.

Dépourvu de scrupules et de sensibilité à l'égard des souffrances qu'il cause, le PN ne souffre pas pour autant d'un surmoi faible. Au contraire : celui-ci ne s'organise-t-il pas comme une variante du surmoi primitif et impitoyable d'avant la loi, celui qui châtie par vengeance ? Parallèlement, en se déresponsabilisant il se prive de porter sur lui-même un regard intérieur et déplace sur sa victime la haine et la rancœur qu'il conçoit envers ceux qui, selon ses dires, l'ont naguère « lésé ». Parole de PN : « Tu es coupable pour tous ceux de ton espèce qui m'ont blessé » ;

« Tu dois payer pour d'autres »... Quand il parle de « ceux de ton espèce », le PN désigne ceux qui sont d'une origine semblable aux « tiens », ceux de « ton » milieu, qui ont « ton » tempérament, voire ceux de « ton » sexe. « Tu me rappelles un tel... » Le préjugé fonctionne comme une idéologie qui ouvre la porte à la maltraitance : « donner une correction » ; ce mot en dit beaucoup sur l'intention d'éradiquer une habitude, une conduite considérée comme irrégulière.

En somme, ce qui est à l'œuvre chez le PN, c'est une confusion permanente entre des identités, des lieux et des époques différentes : le PN tente de se faire justice de façon anachronique.

Le surmoi primitif à l'œuvre dans le psychisme du PN agit comme les Érinyes de la Grèce antique, ces divinités de la vengeance qui, sans relâche, persécutent et torturent les coupables. Blessées dans leur orgueil, elles punissent plus en fonction de l'offense qu'au nom de l'ordre dans le monde auquel toute loi aspire. Aux Érinyes opposons la Némésis, divinité justicière qui, disposée à la modération et à la discrétion, rend des verdicts équitables, justement proportionnés aux fautes.

III. – Conséquences sur autrui

Nous avons dit combien la victime du PN est dans une relation de dépendance à son égard, comme si elle acceptait d'entrer dans une forme d'esclavage. Ses souffrances s'aggravent avec le temps. Elle se paralyse de plus en plus. Un sentiment d'insuffisance l'envahit. Toute son attention, toute son énergie et ses ressources passent dans la culpabilité et le combat intérieur. Comment s'en sortir ? Elle peut finir par penser qu'elle mérite la maltraitance qu'elle subit. Sa résignation se mue progressivement en apathie. Elle continuera à se vivre ainsi même longtemps après qu'elle se sera séparée de son bourreau ou qu'il aura disparu. Comment renouer avec ses valeurs, ses principes, ses références familiales quand quelqu'un s'est acharné à les détruire pour les « remplacer » par d'autres ?

Je me demande si ces curieux « attachements » ne proviendraient pas d'une tentative inlassable de retrouver des sensations et des gestes, des traces inconscientes de perceptions archaïques (tels que des odeurs de peaux, des bruits, des chuchotements, la chaleur ou l'humidité d'un endroit).

Bien longtemps plus tard, d'ailleurs, la victime pourra reproduire sur d'autres, ses enfants, son partenaire, ses employés, les abus qu'elle a subis. Cette dérive mérite qu'on s'y arrête. Qu'est-ce qui la favorise ? D'abord, les étonnantes « circonstances atténuantes » que la victime trouve à ceux qui l'ont maltraitée. Ensuite, pour se tirer d'affaire, la victime a besoin d'être accompagnée, elle s'en sortira difficilement seule. Elle aura besoin de compter sur l'aide d'un *témoin* qui saura lui indiquer comment se protéger et à qui s'adresser. Et plus que d'un appui, la victime aura besoin de quelqu'un qui lui serve de *pilier*, d'un modèle alternatif à celui que lui a proposé l'abuseur, quelqu'un de patient et qui croira en d'autres valeurs, plus positives, et qu'un autre monde est possible. Entre-temps, la victime devra affronter nombre d'épreuves et de déceptions, le rejet et les provocations.

IV. – Trois traits majeurs : paradoxalité, induction narcissique, prédation morale

Au vu des ravages que causent les manipulations des PN, une question demeure : qu'est-ce qui, dans le discours des PN, les rend si efficaces ? Commençons par dire que leur capacité de *persuasion* est remarquable. Elle s'explique par le fait que leur narcissisme pathologique exagère l'estime qu'ils se portent. Leur *séduction narcissique* fait référence, de façon exagérément prononcée, à leurs prouesses personnelles. Le PN est « le meilleur partout » ; il réussit habituellement tout ce qu'il entreprend. Ces déclarations incantatoires séduisent l'autre, qui aurait tort de ne pas s'associer à quelqu'un à qui tout réussit.

Un autre trait de caractère du PN, c'est sa *paradoxalité* (Racamier, 1978-1980), car le PN ne voit pas d'inconvénient à tenir des discours, qui, d'un strict point de vue logique, contreviennent au principe de non-contradiction : « Tu n'as pas besoin d'un maître ; je suis le seul qui puisse en être un pour toi. » Ou encore : « Ce n'est pas que j'y tienne, mais tu dois m'écouter plus souvent » ; « C'est pour toi que je le fais ». La dimension de coercition est, bien que toujours présente, dissimulée derrière un message qui se pare dans les atours des meilleures intentions. Et la découverte de la manœuvre ne laissera pas de susciter une réaction hostile.

L'*induction*, enfin – certainement le trait de caractère le plus mystérieux du PN –, mérite d'être précisée. Si la victime est malmenée, c'est qu'elle se trouve dans une situation de fragilité. Elle traverse un deuil, par exemple, ou elle craint de perdre son emploi. Le PN perçoit tout de suite cette fragilité. Comment s'y prend-il pour éveiller chez sa victime des sentiments qu'elle n'éprouvait pas habituellement ? Un concept clinique est approprié pour répondre à cette question : l'identification projective. Il repose sur l'idée que le même appelle le même. L'autre doit reproduire ce que le sujet éprouve ou veut. On délègue et on dépose activement chez l'autre des affects et des idées dont on souhaite se débarrasser.

Dans l'*induction narcissique*, le pervers, en échange, va jusqu'à faire ressentir à la victime ce que lui vit ou ce que lui souhaite, et il la fait agir : il ne transmet pas uniquement un vécu, il ne se contente pas d'une influence psychologique ; il donne véritablement une impulsion, mais à distance. Par exemple, le PN pousse sa victime à la faute pour ensuite la critiquer et la tenir à sa merci.

Peut-être le PN se réfère-t-il à un ordre qui émanerait non de la loi, mais d'une certaine idée qu'il se fait de la *pureté*. Dans sa superbe, il officierait comme un intermédiaire entre la perfection et le commun des mortels. La logique du narcissisme pathologique est la suivante : « Le monde et moi, nous ne faisons qu'un », « Tout sera uniforme, tout sera à mon service. »

Voilà ce qui explique que les adeptes des *sectes* puissent commettre des atrocités au nom d'un *gourou.* Ils sont mis à l'épreuve : seront-ils capables de recruter de nouveaux adeptes ? de dépouiller financièrement leurs parents pour remplir les caisses de l'organisation ? On a pu parler d'effet « hypnotique », car le gourou est le leader qui gouverne l'inconscient de l'adepte par son « éthique », qu'il substitue à l'éthique commune. Comme le pygmalion, il associe fréquemment sa démarche à un dessein transcendant.

Les *dictateurs* ne manipulent pas autrement les foules, sinon comment expliquer l'obéissance, le respect aveugle qu'ils parviennent à obtenir des masses ? Dans cette logique, c'est parce que le chef « ne se trompe jamais » que les opprimés en viennent à oublier jusqu'au sens moral, jusqu'à la solidarité ou la valeur de l'humain, celle de la vie même. La victime peut être emprisonnée sans scrupule. On peut la faire disparaître, confisquer ses biens, effacer son nom.

V. – Questions sur la prédation

Adeptes ou citoyens, dès lors qu'ils ont été conformés à ce qu'on attendait d'eux, sont utilisés comme des objets.

L'expression *prédation morale* désigne une variante organisée d'utilisation d'autrui quand on se sert de lui comme d'un *ustensile.* Très fréquemment cité par les médias, le prédateur est celui qui fait acte de « prédation », mais le terme en lui-même trouve difficilement sa place parmi les tableaux cliniques. Ne convient-il pas d'y voir l'une des expressions de la PN ? Elle nous permet à tout le moins de mieux la penser. Aussi évoque-t-on la prédation quand on souhaite souligner la virulence avec laquelle agit un pervers, sa tendance à emprisonner l'autre, car le mot « prédation » dit bien la relation d'emprise qu'un prédateur exerce sur sa « proie », de *preda* en latin.

Le prédateur agit par surprise, ayant préparé « son attaque » dans la plus grande discrétion. Ainsi procèdent certains pédophiles et certains violeurs : parce qu'ils agissent dans la perspective d'assouvir des pulsions sexuelles, on les nomme « prédateurs sexuels ». Par cyber-prédateurs, on désigne ceux qui se servent d'Internet pour entrer en relation avec des adolescents et des jeunes personnes et leur proposer des rencontres galantes. Enferrées dans ce piège, les victimes peuvent en venir par s'éloigner de leur milieu ou courent le risque de se faire enlever. Or, il n'est pas illégitime de se demander si, dans ces cas-là, la sexualité n'est pas simplement un moyen et un prétexte pour satisfaire une volonté de domination. Si tel est le cas, il ne serait pas étonnant d'y retrouver beaucoup de conduites qui se rattachent à la PN (le dénigrement, l'asservissement, le vampirisme...).

Dans le monde des affaires, un prédateur est un *entrepreneur* vorace et sans scrupule, qui sait tirer profit des contradictions de la loi, des défauts du marché et des besoins économiques d'autrui, de ses clients, de ses collaborateurs ou des associations qui vivent de subventions. Il pratique le *blanchiment*.

Le prédateur établit un lien d'emprise plus ou moins durable avec autrui. Dans certains cas, comme celui de Joseph Fritzl en Autriche, il enlève sa proie et la garde prisonnière des années durant. La séduction narcissique y joue un rôle, notamment si le prédateur est familier de la victime. Mais le terme « prédateur » s'applique aussi aux agresseurs qui agissent par surprise et s'en prennent à des inconnus.

La soumission et la terreur que ressent la victime renforcent-elles l'excitation sexuelle du prédateur ? Le meurtre, s'il a lieu, résulte-t-il de ce que le prédateur échoue à rendre sa victime consentante ? Cette dernière est-elle tuée parce qu'elle conserve intègre une identité qu'il a tenté d'anéantir ? On a noté que le crime peut entraîner chez certains prédateurs des jouissances extrêmes, comme le fait de disséquer ou de brûler la victime, de la dépecer, de l'éviscérer, de l'écorcher pour faire des tableaux de sa peau.

Notons toutefois que le prédateur n'a pas intérêt à faire disparaître la victime, car il souhaite tirer bénéfice d'elle le plus longtemps possible. En étant en relation avec quelqu'un, il s'oublie et oublie la peur d'être découvert, peur qui le conduit à prolonger autant que possible l'état de veille. Dans le même temps, l'autre devient pour lui un « champ d'expérience » où évaluer sa capacité à tromper et où mettre à l'épreuve des méthodes qui lui permettront d'y parvenir. S'il étudie les réactions de sa proie, c'est pour mieux les déjouer avec d'autres proies à venir.

Comme la prédation morale se manifeste régulièrement chez les PN, elle peut se traduire par la *corruption* d'un enfant ou d'un adolescent qu'il aurait l'intention de *former*, qu'il introduirait dans un monde nouveau de tentations. Devant les tribunaux, les pédophiles sexuels expliquent leurs motivations en avançant qu'ils ont souhaité initier leurs victimes, les aider à progresser, parfois les aider matériellement. Ils essaient de se présenter comme des maîtres appelés à façonner un « esprit inachevé et tenté par des dérives asociales (délinquance, drogue, etc.) ». Se considérant ainsi comme des agents de la civilisation, ils n'hésitent pas à affirmer qu'ils « aiment » leurs victimes.

VI. – La pensée et le langage : un style, un contenu

La pensée et le langage sont interdépendants ; l'une ne s'épanouirait pas et ne saurait être efficace sans l'autre. Le langage, pour sa part, puise sa source et son inspiration dans le raisonnement, qui lui-même est façonné par le travail inconscient-préconscient. C'est par la parole que le sujet cherche à réaliser son dessein. Il s'écoute parler aussi bien qu'il écoute les autres lui répondre, réponses dont il tient compte et qui lui donnent à réfléchir. Pensée et parole se formatent donc réciproquement.

La manière dont les PN mobilisent à leur tour leur pensée est significative : ils la préparent en vue d'affirmer leur emprise et d'étendre leur conquête. Pour y parvenir, ils recourent au déni, qui leur permet d'éviter tout ce qui les vexe, les fait douter ou risque de leur causer du regret. Ils se justifient en émaillant leurs discours de nombreux arguments.

J'ai déjà dit comment le PN fouille dans ses souvenirs pour mieux repérer les failles de ceux sur lesquels il s'apprête à appliquer ses stratagèmes. Comment mettra-t-il en place sa tactique ? Le langage est l'un de ses instruments privilégiés. Il l'emploiera plus dans la perspective de réaliser ses intentions que par désir de communiquer. Il ne cherche pas à partager avec autrui ses souvenirs, ses émotions ou son vécu. Son énonciation privilégiera ce qu'on appelle la fonction « perlocutoire », celle qui vise à produire un effet sur l'interlocuteur.

En 1962, John L. Austin a en effet mis au jour trois fonctions du langage : la fonction locutoire, la fonction illocutoire et la fonction perlocutoire. La première signifie que le langage sert à communiquer quelque chose ; la deuxième, qu'un message peut être convoyé par un énoncé qui se propose d'aller au-delà de son sens immédiat : par exemple, si, au sortir d'une réunion, vous demandez « Quelqu'un a-t-il une voiture ? », cela ne traduit pas seulement un désir d'informer (fonction *locutoire*) que vous êtes sans voiture mais laisse entendre que vous aimeriez vous faire raccompagner (fonction *illocutoire*) ; et par là, généralement, l'un des participants de la réunion vous proposera de vous reconduire. C'est cet effet qu'Austin appelle la fonction *perlocutoire* de l'énoncé. On a dit quelque chose qui détermine la réalisation d'une conduite chez autrui. Évidemment, pour que l'autre entende ce que vous souhaitez, d'autres messages interviennent, conventionnels (la phrase donnée en exemple est bien connue), et qu'un lien de confiance et de solidarité préexiste au sein du groupe. Il faut aussi éviter des malentendus si vous ne souhaitez pas autre chose qu'un simple covoiturage, par exemple si vous ne projetez pas d'inviter la collègue chez vous à boire un verre, etc.

On comprend donc aisément que la fonction perlocutoire soit la grande affaire du PN. Il l'utilise comme une tactique indirecte pour en venir à ses fins, agissant par étapes et progressivement et évitant de trop heurter sa victime pour être sûr de pouvoir passer à l'étape suivante. C'est pourquoi, dit-on, « le PN avance masqué ».

Son discours est ainsi plein de *cynisme*. Le PN pense en incrédule, s'attaquant aux fondements de toutes les croyances. Il dénigre intérieurement la morale établie, estime que le mal est monnaie courante et il le dit au moyen d'une rhétorique qui en vante les mérites. Il affirmera : « Quoi que l'homme se propose pour accomplir un idéal, la bassesse le domine. » Mon patient Thierry en est un exemple (p. 44-48). Dans l'âme, rien de bon. Naïfs sont ceux qui croient à l'amour. L'avenir est incertain, et les catastrophes iront croissant. Sa parole prend volontiers les accents de l'oracle. Il se dit « lucide », à la différence du plus grand nombre. Dans cette logique, le PN use de sarcasmes pour justifier la stratégie égocentrique qu'il met en œuvre pour son bon plaisir. Par posture ou par rhétorique, le cynique adopte une *forme directe* qui consiste à tourner en dérision les bons sentiments et les attitudes désintéressées ou *indirectes*. Par là, il vise à dévoiler la supposée absence de scrupules de tiers.

Rien d'étonnant, donc, à ce que le cynisme soit une forme de pensée qui prospère chez le PN. Elle est à différencier de la *logique du doute*, propre au scepticisme, comme de la *logique du soupçon*, à l'œuvre dans la méfiance persévérante du paranoïaque.

Le scepticisme est courant chez le patient obsessionnel, par exemple, qui se noie dans ses contradictions et qui est tellement accablé qu'il en est incapable d'agir. Mais le scepticisme peut avoir du bon, quand c'est celui dont le scientifique use pour se maintenir à distance de la mythification et pour choisir une méthode qui l'orientera vers de nouvelles découvertes.

Le cynisme du PN, pour sa part, relève plutôt d'une *logique de l'impudence*. Sa rhétorique et les arguments auxquels il recourt ne visent qu'un but : changer les pensées d'autrui. Pour ce faire, il tente de persuader et d'endoctriner, bref d'utiliser le langage dans ce qu'il a, précisément, de perlocutoire.

Molière le met sur les lèvres de son Dom Juan, qui reconnaît être ragaillardi de voir chez ses victimes se lever progressivement, à force d'arguments, toutes leurs résistances pour finalement se donner à lui.

VII. – Une forteresse dont on ne trouve pas la brèche ?

Au terme de ces développements, on peut dire malgré tout que le PN, quels que soient sa ténacité et ses calculs, rencontre aussi ses limites. Que plusieurs de ses tentatives échouent et il n'en apparaîtra que plus fragile. L'instabilité de ses assises identitaires, étroitement liées à son sentiment d'illégitimité, y est pour beaucoup et ouvre des pistes pour envisager un traitement.

Un traitement qui n'est pas un bras de fer, ou plutôt qui ne devrait pas l'être. Gardons à l'esprit, en effet, que le PN affectionne le débat d'idées et qu'il est un bon argumentateur. Sur ce terrain-là, il n'est pas rare qu'il éconduise le soignant. Sa faiblesse majeure, en revanche, c'est son absence de vie émotionnelle, révélateur du désarroi intérieur profond que ressent une âme qui s'est desséchée à force d'avoir trop attendu des autres et du monde.

CHAPITRE VI

Extension du domaine de la perversion-narcissique

Un vaste champ s'ouvre à nous par l'étude de la fonction de la PN dans la famille, l'entreprise, les institutions de soins et de protection de l'enfance, les sectes, la mafia, les groupuscules extrémistes et la communauté. C'est l'objet de ce chapitre, où nous préciserons la spécificité des différents ensembles qui prédisposent au développement de liens pervers.

I. – La vie domestique

La famille, trop souvent, donne le douloureux spectacle de relations marquées par la PN. Renfermé sur lui-même, fier et arrogant, ce groupe spécial entretient un système de valeurs où l'attachement familial est sacralisé.

La PN distord tantôt l'axe filial, tantôt l'axe conjugal et tantôt dans l'axe fraternel. Quel que soit le lien qu'elle affecte, l'ensemble de la parenté en pâtit. Bien qu'elle altère régulièrement le père, la mère ou l'enfant, des différences sont à souligner dès lors que c'est le père ou la mère qui devient agent PN.

Dans le cas où c'est le *père* qui règne sur la famille, il considère que ses enfants lui appartiennent au même titre qu'une émanation de sa personne : il doit être informé de leurs moindres faits et gestes et tout savoir sur tout le monde. Il commande, décide, punit à sa guise ; son avis ne peut souffrir d'objection. Pour lui, les enfants n'ont pas à s'épanouir dans leur intimité ; ils n'ont pas le droit d'être différents ; il est inimaginable qu'ils songent à s'émanciper. Ce père despote est volontiers spartiate : il ne supporte pas que l'enfant se plaigne, qu'il pleure, qu'il se dise malheureux. Il pourfend tout « sentimentalisme », où, au fond, il perçoit un signe de subjectivité qu'il ne peut supporter. Sa femme est aussi la cible de sa rage. Il développe une hostilité particulière devant la proximité émotionnelle qui attache la mère à sa fille, ou sa femme à sa belle-mère, comme si ces liens d'amour et d'attachement remettaient en question sa légitimité, sa place, le rendaient superflu. D'ailleurs, il surestime la force exceptionnelle du lien qui unit ces femmes et envie la confiance entre la mère et la fille. Est-ce une fascination pour l'image de jumelles qu'elles lui renvoient ? Il juge ce lien « subversif », donc dangereux.

Il s'interroge : comment s'y attaquer et séparer la mère de la fille ? Un moyen consistera éventuellement à séduire et à agresser sexuellement sa propre fille (ou son fils). Il espère que la mère, en l'apprenant, devienne le témoin paralysé de cet inceste ; accablée, déprimée, elle n'osera plus réagir par crainte que la situation n'empire. Sous l'effet de cette situation scandaleuse, elle se voit incapable de le quitter. En outre, la valeur « famille » est si profondément ancrée parmi tous ses membres, tout est tellement sens dessus dessous, que les uns et les autres peuvent en venir à penser que l'enfant abusé est privilégié, qu'il suit sous la conduite du père une initiation utile qui lui évitera de « tomber entre les mains de n'importe qui ». Les sœurs et frères se sentiront marginalisés, voire jaloux. La spécialité du PN : séparer ceux qui s'aiment.

Dans le cas inversé où c'est la *mère* qui est l'agent de la PN, elle considère son enfant comme une partie d'elle-même, incomplet et incapable de progresser ; sans elle, pense-t-elle, il dépérirait ; dans le même temps, elle cherche à éviter à tout prix que son mari ne s'institue en père. La séduction narcissique jouera à plein. La transmission d'un legs quelconque est inimaginable. Le père n'est pas en mesure de l'éduquer ; elle et *seulement elle* sait. Si le père ou les frères et sœurs osent assumer leur différence, ils sont alors décrédibilisés.

Ces réactions trouvent leurs origines dans une représentation du temps singulière : pour la mère PN, c'est comme s'il ne devait pas s'écouler. Un sentiment d'éternité domine : on ne grandit pas, on ne vieillit pas.

Selon que c'est le lien filial, conjugal ou fraternel qui est affecté par la PN, on observe des variations dans son dysfonctionnement, mais le fond reste le même. Puisque l'agent PN « n'a pas été conçu par un couple » et qu'aucun parent ne s'est désigné tel, il s'entretient dans l'idée qu'il s'est auto-engendré. Quelle issue ? D'un côté : ignorer que l'on puisse avoir besoin d'autrui. De l'autre : exercer une emprise massive sur ses proches.

L'enfant de la mère PN devrait se vivre comme s'il n'était pas né ; il ne survit, affirme sa mère, que par la constante vigilance qu'elle lui porte. Nous l'avons évoqué en parlant de vampirisme, dont les formes les plus accomplies prospèrent précisément dans la famille.

On peut comprendre la fréquence de l'incestuel mère-enfant (inceste sans passage à l'acte sexuel). Dans la mesure où l'on est un, on peut tout se permettre. Parfois, l'inceste a lieu : c'est la consécration de la symbiose… Il est alors magnifié comme « idéal de perfection de deux êtres d'exception ». En revanche, la relation sexuelle de la fille avec un étranger est vécue comme une déloyauté. Notons toutefois que l'inceste a lieu bien plus rarement à l'initiative de la mère que du père, et on le découvre plus spécifiquement dans des familles qui sont loin de tout, géographiquement et socialement.

Si l'un ou l'autre des deux parents peut devenir agent de la PN, l'enfant aussi peut le devenir aux dépens de ses parents. Il est certes plus facile à mettre en évidence quand l'enfant est adulte, notamment si le parent est malade ou âgé. Mais un petit enfant qui donne l'impression d'être mature, qui triche, qui manipule ses parents, et plus fréquemment sa mère, qui les met au pas, accuse des traits qui évoquent la PN. On parle alors d'« enfants tyrans ».

Si les parents sont âgés, un ou plusieurs enfants peuvent essayer de tirer profit de leur affaiblissement physique et mental. Ils peuvent aller de l'humiliation à la séquestration. Ils peuvent leur extorquer leurs biens et les spolier. Alliant menaces et ostracisme, ils les coupent de leurs amis et de leurs petits-enfants, les incitent à signer des documents qui ne sont pas établis dans leur intérêt.

Comment expliquer de tels agissements ? Ces rejetons ne supportent-ils pas de voir la vieillesse modifier les traits ou la personnalité de leurs parents, dont ils gardent une image idéalisée tout droit venue de leur enfance ? Ou souhaitent-ils se venger des vexations qu'ils leur ont fait éprouver par le passé ?

Dans la vie domestique comme dans le grand âge, les faiblesses sont « objet d'exploitation » pour l'agent PN, qui ne les tolère pas mais qui, dans le même temps, en tire profit. Au sein d'un couple, j'ai pu observer que ce que le PN attaque particulièrement dans l'autre, ce sont les singularités liées à son sexe. Il en va ainsi des femmes maltraitées durant la grossesse. Dans un cas clinique que j'ai eu à traiter, l'homme ne pouvait tolérer que sa conjointe lui demande, voire le supplie, de différer l'étreinte sexuelle. Il l'obligeait, la violait. Il la violait déjà en paroles, tant il la harcelait, l'empêchant de se reposer, et même de dormir. Autre cas : le partenaire ne parvient pas à comprendre que son épouse enceinte ait besoin de modifier son rythme de travail, puis doive consacrer du temps à prodiguer des soins au nouveau-né. Il l'accuse alors d'être une « profiteuse », d'« avoir une mentalité de coquette », de « précieuse qui passe son temps à ne s'occuper que d'elle ». Lui, argue-il, il travaillait beaucoup… Il redoutait que sa femme soit différente de lui ; il redoutait le mystère de l'autre sexe.

Daniel et Aïda

Daniel et Aïda (49 et 45 ans) viennent me voir alors qu'Aïda a découvert, dans le carnet de son époux, une série de notes qui laissent entendre qu'il fréquente une autre femme, chose qu'il nie farouchement. Il y a une dizaine d'années, il a eu un grave accident et est resté plongé pendant de longs mois dans le coma. Au réveil, il a été considéré comme miraculé. Depuis, il est fragile, anxieux, colérique et partiellement amnésique. Aujourd'hui encore, Daniel est obligé de tout noter, ses activités professionnelles, ses achats. Il a également « développé » une psychose maniaco-dépressive. Sa femme l'a beaucoup soutenu et « supporté ». C'est pour cela qu'elle se sent d'autant plus trompée par son infidélité supposée.

Une fois la thérapie de couple engagée à un rythme hebdomadaire, Aïda répète que Daniel est fragile et qu'il se comporte comme un être brutal, ce que confirment les médecins ; il présente « des séquelles caractérielles de son accident cérébral ». Bien qu'elle ajoute qu'il faut savoir « lui pardonner », elle l'humilie et n'hésite pas à rappeler sa supériorité. Leurs deux filles sont aussi de cet avis : « Il est méchant », « intraitable », versant dans tous les excès, comme dans l'alcool, prétendraient-elles. Daniel ne confirme ni n'infirme ces propos.

Parfois, Aïda se montre insinuante ou me parle à voix basse, manière encore plus percutante de produire son effet. Aussi justes que soient ces remarques, elles interviennent dans l'échange comme pour confirmer le statut d'invalide de

son époux ; lui, il prend un air de « chien battu », ou réagit maladroitement, se fâche et finit par apporter en direct la preuve de ses défaillances, et tous ses arguments tombent alors comme un château de cartes. Rien, cependant, ne paraît confirmer que Daniel la trompe. Comme il aurait plaisir à voir Aïda reconnaître qu'elle fait erreur, une seule fois, au moins une fois, même pour une banalité, précise-t-il.
À plusieurs reprises, je me vois cherchant dans mon for intérieur la vérité sur les infidélités de Daniel, m'improvisant en Sherlock Holmes. J'émerge de cette « dérive » et me recentre sur la manière dont les choses se présentent. Dans leur discours apparaissent l'exhibition et une attitude prosélyte. L'infidélité, la jalousie, les idées qui justifient cette attitude se révéleront « secondaires ».
Quelle place occupe l'image de Daniel, dont la force lui a permis de survivre à un long coma et d'en réchapper ? Daniel est néanmoins affecté d'apparaître devant ses filles comme un « pauvre type ». Aïda ne fait-elle pas preuve d'une forme de perversion quand elle cherche à divulger les défauts de Daniel ? N'est-ce pas une manière de fédérer les autres autour d'elle ? Révéler des secrets intimes, c'est briser le pacte de discrétion qui lie les conjoints entre eux. Une fois ce contrat rompu, les autres deviennent des spectateurs indiscrets. Dans le cas de Daniel et Aïda, il ne s'agit pas seulement pour cette dernière d'ouvrir au monde l'intimité de son couple et d'exposer la scène sexuelle aux yeux de leurs seules filles : Aïda paraît aussi souhaiter que les autres deviennent pour Daniel des représentants de la loi. En réalité, ce qui se joue dans ce débat, c'est le nom de celui qui pourra exercer le pouvoir sur les deux filles. Chacun des deux sollicite leur amour et, pour y parvenir, entend se montrer le plus fort ; par l'accord inconscient des époux, elles sont désignées comme juges et sont, de fait, « parentifiées ».

Avec elles, les parents sont entrés dans un rapport de séduction. *In fine*, le principe d'autorité cède du terrain à l'uniformisation des fonctions familiales.
Dès le début, l'objet de la consultation du couple en était la préfiguration : « l'infidélité du mari. » Il était le signe que la rivalité entre les époux n'était autre qu'une rivalité sexuelle face à une autre femme (face à des femmes), à savoir leurs filles. C'est ainsi que j'interprète rétrospectivement la façon dont chaque conjoint s'est livré à une attaque en règle du lien de l'autre avec leurs filles. On parle de « faire honte », un sentiment qui évoque la situation de l'enfant exclu de l'étreinte sexuelle de ses parents.
À mesure qu'avance la thérapie, je réussis à déconstruire ces positions, montrant tour à tour que chacun veut utiliser des tiers pour affirmer sa suprématie. Nous avons cessé les séances un an et demi plus tard. Daniel nous a dit que la mémoire lui revenait peu à peu.
Épilogue : Aïda vient me voir encore un an après et m'explique que Daniel a décidé de se séparer d'elle. Elle accepte relativement bien cette décision dans la mesure où elle pense que sans sa (supposée) maîtresse Daniel n'aurait eu ni l'énergie ni l'intelligence de la quitter. La dérive arrogante de ce conflit conjugal est indiscutable ; elle se manifeste par une lutte acharnée entre leurs deux narcissismes.

Dans la vie domestique apparaissent ainsi différents visages de la PN, changeant selon l'agent et sa fonction, selon le lien et le contexte où elle sévit. C'est à tout cela qu'il convient d'être attentif avant de choisir une thérapie, familiale ou conjugale.

Les tâches si délicates de la famille rendent les conséquences de la PN dramatiques. Dans l'entreprise, c'est à un autre niveau que ses effets se feront sentir. Cela nous invite à nous arrêter sur les rapports entre psychisme et travail en privilégiant le vécu du personnel dans l'organisation de l'entreprise.

II. – Le travail et l'institution

Pendant longtemps, pour de nombreux sociologues, l'entreprise n'avait qu'un but : la production des biens. La subjectivité n'y a été intégrée que récemment. Aujourd'hui, il va de soi que l'entreprise doit tenir compte des désirs et des besoins psychiques de ses collaborateurs.

Certains travaux du XXe siècle parlent des liens psychiques qui s'y nouent et évoquent le *plaisir au travail* (Honneth, 2004, p. 54). Christian von Ferber dira : « Le travail représente un moyen privilégié pour le développement de la personnalité en contribuant à la révélation de la vie émotionnelle et de l'expérience intellectuelle du travailleur. En résumé : à côté de sa fonction économique, le travail comporte une valeur culturelle et éthique » (Ferber, 1959).

Pour interroger plus facilement la subjectivation chez l'employé et l'intersubjectivité au sein du lien social, Axel Honneth (2002, 2004), sociologue et philosophe, va plus loin en en appelant à la psychanalyse.

Un long parcours a été nécessaire avant que des sociologues comme Jürgen Habermas (1981), pour ne citer que l'un des plus illustres d'entre eux, parviennent à différencier deux activités au sein du monde du travail, l'*activité instrumentale* et l'*activité communicationnelle* (Honneth, 2004, p. 68 *sq.*). Par la première, le travail réalise ses objectifs de production et de créativité. Par la seconde, l'intersubjectivité entre employés gagne en profondeur. Il est dans ce cas indispensable qu'entre employé et employeur s'instaure une *compréhension*, sans laquelle les salariés non seulement n'accompliront leurs tâches qu'avec peine mais même y seront aliénés. Pour ce faire, différents processus défensifs se mettent en place, faisant intervenir le contrôle ou le refoulement, dans une sorte d'alliance dénégative entre partenaires de l'entreprise. Jürgen Habermas écrit : « Alors que l'activité instrumentale correspond à la contrainte extérieure et que le niveau des forces productives détermine l'ampleur de la disposition technique des forces de la nature, l'activité communicationnelle correspond à la répression de la nature intérieure de chacun : le cadre institutionnel détermine l'ampleur d'une répression par le pouvoir naturel de la dépendance sociale et de la dépendance politique. Une société doit son émancipation des forces extérieures de la nature au processus de travail, c'est-à-dire à la production d'un savoir techniquement exploitable (y compris la transformation des sciences de la nature en "machinerie") ; l'émancipation de la contrainte de la nature interne s'opère dans la mesure où les institutions exerçant cette violence sont remplacées par une organisation des échanges sociaux liée uniquement à une communication exempte de domination » (1968, p. 85-86 ; repris de Honneth, 2004, p. 72).

Habermas (1981) réclame concrètement que cet agir communicationnel soit développé par les cadres. Le groupe deviendrait le moyen privilégié où l'exprimer : formations, concertation, groupes de discussion, comités, activité syndicale… Ainsi tout le monde serait en mesure d'y prendre conscience des enjeux de l'entreprise, de sa mission, et donnerait du sens à son activité. Chacun intégrerait ainsi son *appartenance* à l'institution.

Il faut néanmoins éviter que ce développement théorico-pratique, aussi perspicace soit-il, ne soit récupéré par l'entreprise, qui pourrait s'en servir pour glorifier ses résultats et suggérer au salarié d'assimiler la politique managerielle, en d'autres termes instrumentaliser l'intersubjectivité ainsi suscitée.

C'est pour cela qu'il convient d'admettre que la résistance est toute naturelle. Dans une recherche pointue de 1979, Philippe Bernoux a mis en évidence que les salariés inventent régulièrement des tactiques pour enfreindre et contourner « systématiquement les règles de production fixées par le management et qui s'incarnent dans l'organisation technique du travail » (cité par Honneth, 2004, p. 77). Dans ces différentes tactiques, c'est bien la résistance qui est à l'œuvre. Elle permet l'*appropriation*. Concrètement, pour l'employé, l'enjeu consiste à aménager son temps de travail en fonction de sa vie personnelle. De même, il imprime sa marque sur son lieu de travail : par exemple, tel ouvrier rangeant dans un placard de l'atelier, fermé à clé, des outils qu'il a parfois achetés de sa poche… Chaque salarié déploie ses tactiques propres, à l'instar d'un bricoleur avisé et inventif. Il s'approprie aussi la gestion technique. Il va de soi que ces modalités sont clandestines, bien qu'agréées et partagées par les autres membres des équipes.

Sans remettre en cause le cadre où il exerce sa profession, le travailleur, par cette appropriation, souligne que son identité s'affirme dans la « mienneté » : en investissant son territoire propre, il favorise son « être à soi et pour soi ».

C'est pour aller dans un sens convergent que se met en marche la fonction générative de la reconnaissance mutuelle (Honneth, 1992) : pour mener à bien son activité, le salarié recherche une reconnaissance de ses talents, de sa sensibilité et de ses compétences. Cela permet l'intégration sociale, où tous sont mieux respectés. Et le travail sera d'autant plus gratifiant qu'il est vécu comme servant au bien-être collectif.

Les recherches portant sur la reconnaissance soulignent qu'elle ne s'acquiert pas facilement, qu'elle est rarement donnée et qu'elle doit être réclamée, revendiquée et obtenue au terme d'une lutte. Actuellement, nombre de conflits sociaux sont animés par cette lutte pour la reconnaissance. Or, des dérives perverses de la politique managériale peuvent entraver les règles du jeu.

Jessy

Jessy est parti de son entreprise (une start-up prospère) et a rompu son contrat de travail après concertation avec son employeur. Mollement, il se met à la recherche d'un nouvel emploi en consultant des « chasseurs de têtes ». L'un d'eux lui a proposé un poste qui aurait pu lui convenir. Seulement, après avoir entendu de quoi il s'agissait, il a posé une série de questions : quels sont les objectifs de cette entreprise ? quels sont ses projets ? Par malchance, le recruteur a pu avoir le sentiment, pense-t-il, que Jessy est un espion industriel. Toujours selon lui, quand on se rend à un entretien d'embauche, on ne doit s'occuper que du poste à pourvoir, pas du fonctionnement de l'entreprise. Il reconnaît avoir été brutal, mais à ses yeux, bien qu'il ne soit que technicien, il lui semble important de savoir « dans quel genre d'affaire il va se mouiller ». Il se demande précisément si l'entreprise a des objectifs « un peu plus élevés que de faire du fric ». Il veut s'y impliquer, se sentir à l'aise et, en même temps, ne pas travailler seulement pour suivre un « planning sans âme ». Chez son précédent employeur, il en a trop souffert, sans jamais avoir été augmenté en douze ans, et alors même que l'entreprise était prospère, en « grande mesure grâce à lui ».

De séance en séance, je me suis fait à l'idée que sa revendication était fondée. Cette entreprise lui avait coûté beaucoup de nuits de sommeil au cours desquelles il refaisait ses journées de travail et ruminait en silence sa colère contre son patron, qui, sous ses airs amicaux, était finalement ingrat et d'une froideur expéditive.

Cette fois-ci, après sa visite chez le recruteur, il a pu mesurer le décalage entre sa manière très personnelle d'entendre les liens de travail et la réalité du marché. Reviennent souvent dans sa bouche des expressions comme : « recherche de lien fusionnel », « réaction infantile », « déplacement sur d'autres de la relation à mon père ». Nous en avions parlé souvent. Aujourd'hui, il me donne le sentiment de mieux faire la différence entre son lien père-fils et le lien patron-employé. En vérité, et il l'a compris, ce qu'il attendait de son patron, c'était qu'il soit un père parce que le sien n'en a pas été un pour lui…

Au-delà du champ ouvert par cette séance de prises de conscience, force est de constater qu'il est délicat de demander à un employé de s'accommoder des impératifs de la rationalisation du travail sans qu'il les inscrive dans sa trajectoire psychologique. L'énergie et le dévouement qu'il investit dans son activité sont présents dans la façon dont il établit le lien intersubjectif. Chez tout travailleur, plus ces impératifs sont vécus comme des contraintes, plus le risque de dérives sera réel : hostilité, erreurs, troubles somatiques.

Certes, Jessy est de nature assez sensible, mais on ne peut couper son vécu en deux : si on lui demande de se sentir concerné, il a besoin qu'on lui explique et qu'il comprenne le sens de ce qu'il fait. Comme il a tendance à ne faire qu'un avec son activité, il aura tendance à y perdre son identité. Il a besoin qu'on lui laisse la possibilité de différencier celui qui agit et celui qui réfléchit.

Philippe Bertoux parle de la révolte par les tactiques d'appropriation ; nous avons des équivalents en psychanalyse depuis que nous avons appris que la négation est un ferment essentiel de la pensée, puis de l'identité (Freud, 1925). *Objecter, c'est exister, être quelqu'un pour soi-même.*

III. – Se subordonner aux objectifs de l'entreprise

Nombre de travaux ont analysé la situation que créent les liens PN dans le monde du travail, et dont les effets font souffrir les employés : confusion, incapacité à agir, troubles dépressifs les conduisant parfois au suicide, maladies physiques (douleurs inexpliquées, maladies cardiovasculaires, allergiques). Des menaces réitérées, des humiliations, des changements injustifiés d'activité, des « mises au placard » diminuent, voire anéantissent l'estime de soi. L'expression « harcèlement moral » peut singulariser cette forme d'agression, à vrai dire plutôt indirecte et secrète, donc difficilement détectable, et venant le plus fréquemment de la part du personnel encadrant. La différence entre les sexes peut même se révéler un terrain propice pour que s'exerce une certaine arrogance virile (Dejours, 1998), et c'est pourquoi les femmes subissent tant de vexations au travail.

L'idée de PN a été fort utile pour caractériser ce fonctionnement, où éloge et rabaissement alternent pour créer des jeux paradoxaux et troubles. Le PN en appelle à la fidélité à l'égard des buts fixés par la direction, exige un dévouement sans failles, voire des sacrifices. Seul prime l'entreprise. Bien des dérives naîtront de la confusion entre un narcissisme arrogant, qui accapare tous les investissements, et un narcissisme au service de la croissance et du partage d'un idéal.

La maltraitance est d'autant plus douloureuse que les liens de travail sont affectivement engageants : les employés y sont attachés, par peur de perdre leur emploi s'ils échouent dans leur mission. Elle est un facteur qui peut faire basculer vers l'autodépréciation et l'absurde. Le bouillon de culture de la prédation morale y joue un grand rôle, car c'est dans un tel contexte que le salarié peut glisser vers le conformisme et *in fine* l'asservissement.

Le fonctionnement pervers ne va pas sans une rhétorique visant la mise au pas du personnel. Sous prétexte de défendre les choix de l'entreprise, elle permet de stigmatiser les adversaires extérieurs comme intérieurs et, parmi ces derniers, les employés récalcitrants qui manquent de zèle et ne s'appliquent pas à réaliser leurs objectifs. On cherche à créer une mentalité d'où doit être exclue toute empathie envers ceux qui souffrent des conséquences d'une telle gestion managériale. La rhétorique cynique ne consiste pas seulement en un discours méprisant autrui et telle ou telle valeur. Elle crée de l'indifférence. Ce qui devait être émulation se meut alors en rivalité où s'embrasent les émotions des uns et des autres.

Heureusement, toute gestion interne n'est pas négative en soi. Il en faut même une, dès lors qu'elle organise la vie de l'entreprise et permet l'épanouissement des employés et leur subjectivation, cultive leur goût du travail et leur créativité. Elle devient préjudiciable dans le cas particulier où elle ne tient pas compte du besoin de reconnaissance.

Si vous interrogiez les agents qui sont à l'origine des abus, ils vous diraient qu'ils travaillent pour le bien-être de tous les collaborateurs afin que tous se tiennent aux objectifs de productivité et de développement de l'entreprise. Mais il faut beaucoup douter du destin de celle-ci à recourir à de telles méthodes. À cet égard, il peut être intéressant de creuser dans l'histoire de l'entreprise pour savoir si, par le passé, elle n'a pas traversé des moments de crise grave qui, au lieu d'être dépassés par un travail de deuil, ont débouché sur des conclusions équivoques : l'autodéfense de l'institution à tout prix, le besoin de museler, de contrôler. La croyance qu'inspire une telle idéologie est rigide ; de là le besoin de l'imposer, par n'importe quel moyen. Dans ce passé, il n'est souvent pas rare de repérer des ancêtres, notamment des fondateurs, qui ont vécu avec l'idée qu'ils étaient des usurpateurs... Parmi les dirigeants actuels aurait subsisté un fort sentiment inconscient d'illégitimité : ils se vivent en héritiers sans épaisseur, en enfants trop chanceux, parfois même en « tueurs ».

IV. – Place de l'action judiciaire et éducative dans le cadre de la protection et de l'assistance sociale infanto-juvénile

Pour approfondir notre réflexion, il est tout aussi éclairant de s'appuyer sur des exemples tirés des *institutions soignantes*, notamment celles qui s'occupent de la protection de l'enfance ou de l'adolescence, tâche difficile et souvent ingrate. Citons par exemple les maisons d'enfants à caractère social (MECS), les services d'éducation spéciale et de soins à domicile (SESSAD), les instituts thérapeutiques, éducatifs et pédagogiques (ITEP), les centres d'accompagnement parents-enfants (CAPS), le placement familial et les points-rencontre…

Quand ils doivent apporter une solution au drame des violences intrafamiliales, les acteurs institutionnels font face à l'incompréhension des parents auteurs de maltraitance. Séparés de leur enfant, ils s'estiment en droit de se montrer hostiles envers ceux qui souhaitent leur apporter de l'aide. En effet, ces acteurs sociaux reçoivent enfants, familles biologiques et familles d'accueil en raison d'actes violents constatés entre conjoints ou entre parents et enfants et ayant nécessité des mesures judiciaires.

L'application de la loi suscite des réactions hostiles, car pour les parents, à la maison, c'est eux qui font la loi. Ils éduquent leurs enfants « comme ils le veulent » ; les autres et la société ne doivent pas s'immiscer chez eux. Le verdict du juge leur paraît une *intrusion*. À leur tour, de nombreux soignants s'obstinent à demandeur aux parents agresseurs de reconnaître qu'ils ont fait du mal à leurs enfants, alors que ces parents n'y songent absolument pas. Ils préfèrent se présenter en victimes du système judiciaire. Notons à cet égard que, fréquemment, les soignants qui proposent une autre voie, celle de la recherche intersubjective et intra-subjective des raisons de la violence, sont malmenés par d'autres soignants qui pensent que la meilleure façon de changer les familles est la manière forte, voire punitive.

Ces derniers voient dans l'*aveu* une solution à tout. Pour eux, concrètement, il faut que les parents reconnaissent avoir maltraité leurs enfants, le juge ayant bien fait de les séparer d'eux. De même, le conjoint violent ferait mieux, toujours selon eux, de reconnaître ses méfaits. Ces acteurs institutionnels ne veulent pas voir que leur rigidité et leur réaction hostile procèdent de ce qu'ils considèrent comme ignobles les parents ou le conjoint violents. Certes, les coupables ont la fâcheuse habitude de s'enfoncer dans le déni. Parfois même, on sent que leur obstination à s'opposer à toute aide est calculée : ils attendent que les soignants prennent leur défense devant les juges et sont très loin de comprendre que ce ne sont pas les soignants qui décident, mais qu'ils sont là pour leur permettre de sortir de la crise et de retisser éventuellement les liens familiaux qu'ils ont défaits.

Voilà aussi ce qui explique bon nombre de réactions de mépris de certains acteurs institutionnels à l'égard des soignants d'inspiration psychanalytique, qui mettent en évidence des mouvements PN curieusement similaires à ceux des conjoints violents et des parents abuseurs. Chercher à comprendre et à démanteler les ressorts de la perversion à l'intérieur des familles est considéré comme une faiblesse, de même que s'interroger sur les restes d'attachement et sur la volonté infantile de récréer une famille. Ce qui importe pour ces acteurs, ce sont les déclarations de *mea culpa*. Mais on peut très bien battre sa coulpe sans y croire. Pour certains, il faudrait toujours faire vite et utile, quitte à oublier l'essentiel. Or, si l'on ne restaure pas les liens qui ont été défaits, l'homme répondra « absent » au rendez-vous de la thérapie.

V. – Le *socius* et le politique

Le vaste champ qu'ouvre l'étude des PN nous autorise à évoquer quelques autres groupes où ils sont fréquents : la mafia, les groupes extrémistes, etc. Cela étant, il ne faut bien évidemment pas rechercher à tout prix des penchants PN dans toutes les situations extrêmes. D'autres domaines d'activité, plus courants, pourraient tout aussi bien être étudiés, comme la publicité, qui fait l'éloge de la *tendance*, ou un certain marketing, qui laisse peu de place au libre arbitre. La persuasion et la dissuasion sont aussi leurs armes.

Qu'en est-il, donc, dans la mafia ? À l'origine, il s'agit d'une organisation clandestine sicilienne qui se battait pour l'indépendance, contre l'envahisseur étranger, en l'occurrence la maison d'Anjou dont les soldats avaient commis des exactions, des viols et des meurtres. Ces traumatismes ont conduit à la constitution de cette société secrète, qui a permis d'infléchir le sens de l'histoire. L'organisation a conservé depuis sa nature clandestine, une hiérarchie verticale, une loi où prime l'autodéfense du groupe, le refus de toute intromission de l'extérieur et de ses normes, l'autorisation du commerce illicite et de l'assassinat punitif et, au fond, la banalisation de la violence de ces mêmes traumatismes transgénérationnels sexuels et liberticides par une identification à l'agresseur.

« Tout se passe comme si les bourreaux de jadis avaient été incorporés et venaient sans cesse hanter les générations successives dans un rapport extrêmement complexe, collapsé entre dedans et dehors, passé et présent » (Pinel, 2014, p. 25). L'omerta, ou loi du silence, se substitue à la loi commune et cautionne la transgression. Les ordres donnés par la hiérarchie doivent être appliqués sans objection ni critique. Sont condamnées la dénonciation – associée à une délation et vécue comme une trahison – ainsi que les idées personnelles. Si l'individu hésite, il est placé devant des choix terribles : soit il campe sur ses positions et il est dans ce cas rejeté, soit il suit le consensus collectif selon lequel « le groupe a toujours raison ». L'individu est alors amené à commettre des crimes contraires à sa propre morale.

Jean-Pierre Pinel attire l'attention sur le constat que certaines familles parmi celles qui font l'objet de signalements pour maltraitances et violences physiques et sexuelles peuvent être comparées à des organisations incestuelles et maffieuses (Pinel, 2014, p. 23). Elles installent une omerta stricte s'appliquant aux adolescents qui souhaiteraient se confier à des tiers (soignants, éducateurs ou même juges). Jean-Pierre Pinel poursuit : « Sur le plan des interdits, il (y) est interdit de se séparer, de se différencier et de dire les effets de ces interdits en dehors de la famille. L'omerta puise là sa source profonde. Le risque de celui qui viendrait à transgresser ces interdits est double : le meurtre de l'appartenance et la menace sur la vie psychique. » Le bannissement et la désaffiliation menacent. « Sur le plan éthique, la désintrication pulsionnelle engendre un conflit permanent entre la destructivité et les forces de liaison, de telle sorte que la partie destructrice triomphe de chaque situation conflictuelle, de séparation ou de perte pour restaurer sa primauté. La séduction, l'intimidation, le mensonge, la tyrannie, la corruption et le nihilisme sont utilisés afin d'affirmer l'hégémonie de la destructivité, de la haine et de l'irresponsabilité » (*ibid.*). Les autres sont ensuite traités en sous-hommes.

Il en va de même dans les groupuscules extrémistes, bien que l'idéologie y joue un rôle de seuil plus convaincant que dans la mafia : on prend pour caution des conceptions politiques ou religieuses, on les déforme le plus souvent et, par ce moyen, on embrigade des jeunes gens qui vont associer les buts du groupe à la morale véhiculée par ce même groupe. Alors que la mafia s'appuie sur des notions ethniques et culturelles, ces groupuscules font appel aux identifications infantiles qui rattachent la tradition à l'amour filial et la religion à la famille. Leur point commun ? Le rejet du débat d'idées, l'ancrage identitaire et l'utilisation méthodique de l'instrumentalisation.

Le chef d'un détachement armé en marge des Talibans vantait les mérites « démocratiques » de son action. Quand son groupe investissait un territoire pris aux ennemis, disait-il, au lieu de procéder comme les Talibans et d'en exécuter d'emblée les leaders, il « éduque » la population, lui expliquant les principes de son action, les lois sacrées qu'il défend et la persécution que subissent les adeptes. Par la suite, ce sera cette même population qui, de sa propre initiative, viendra lui demander de « la débarrasser des infidèles récalcitrants ».

Ces groupuscules recrutent souvent leurs combattants au sein d'une même famille, des frères et sœurs, qui alors vont vivre ensemble le destin de vie et de mort des autres membres du groupuscule. Le fait mérite qu'on s'y attarde. L'extrême violence dont ils font preuve à l'encontre des étrangers ne serait-elle pas une extériorisation d'une violence fratricide refoulée ? Ne réalisent-ils pas ainsi le meurtre du frère rival haï, peu importe s'ils succombent eux-mêmes ? Mort héroïque pour servir le moi-idéal adolescent ? Leur narcissisme meurtri, pour se refaire une santé, ne réclame-t-il pas de hauts faits ? N'exige-t-il pas que soit exhibé le geste qui les vengera de ceux qui ont jadis humilié leur famille déracinée et, en même temps, du frère qui a pris leur place ?

De semblables fonctionnements sont à l'œuvre dans les *sectes*. Ses membres y prêtent allégeance au gourou, car ils superposent sa figure et celle du père, ce qui explique qu'ils se recrutent beaucoup chez des adolescents en mal d'une famille et d'un foyer sécurisant. Le gourou, de son côté, se vit en être auto-engendré, il se fait prêtre, apôtre, prophète, se considère comme l'envoyé de Dieu, au nom de qui il promet le salut. Autant d'ingrédients à l'origine du narcissisme mégalomane dont nous avons déjà parlé.

Il en va de même dans les bandes d'adolescents : le leader sert de modèle. Il jouit d'un grand avantage sur les leaders d'autres groupes : il est lui aussi adolescent.

Pour lui, c'est l'occasion de triompher de son père et, plus généralement, de tous les adultes. On remarque encore et toujours qu'au principe de la PN, il y a l'action que met en œuvre le pervers pour prendre, dans l'esprit d'autrui, la place du père de la loi.

VI. – Une maladie de l'époque ?

La mise au jour de la PN ne date que de quelques décennies, mais son champ d'application ne cesse de s'étendre, comme le prouve la découverte croissante de nouvelles dérives. Notre société ne les favoriserait-elle pas ? Pourquoi les PN seraient-ils plus nombreux aujourd'hui qu'hier ?

Prudemment, j'avance volontiers l'idée que les aménagements contemporains de la famille, impliquant la remise en question de l'autorité du père et de la mère, peuvent avoir une incidence sur cette épidémiologie : les jeunes générations seraient en quête de modèles solides d'autorité, de tuteurs et de référentiels, qui parfois prennent donc le nom de « maitres » ou de « parrains ». Ce n'est pas que le PN soit « un bon père », mais il sait feindre d'en être un. Au fond, il déteste les jeunes gens, et il saisit là l'occasion de les museler.

Est-ce la seule raison ? On peut au moins l'envisager à titre d'hypothèse. Une hypothèse qui suppose donc que le PN a besoin qu'on vienne le chercher. Il s'agira d'en tenir compte au moment d'élaborer une stratégie thérapeutique.

CHAPITRE VII

Quelle thérapie ?

Pour que le dispositif thérapeutique soit adapté, il convient tout d'abord de l'inscrire dans une stratégie. C'est pourquoi, avant toute chose, il importe de mesurer quelle est la virulence de l'expression PN, de prendre en compte sa singularité et ses effets sur autrui. Qu'entend-on par stratégie ? Il peut paraître étonnant que l'on se serve du langage du PN pour le traiter : répond-on au stratagème par un autre stratagème ? Certains spécialistes (Pinel, 2014) envisagent même d'utiliser la ruse ou encore de devenir complice du PN, un peu comme des mouchards qui, au service de la police, se proposent d'infiltrer le milieu du commerce de stupéfiants. Quelles limites ne pas dépasser ? Comment débusquer les « pièges » ? Comment garder son sang-froid ? J'incline à penser, pour ma part, qu'on ne peut pas avancer sans la morale. N'en doutons pas : le patient PN captera rapidement nos écarts, même minimes, et les utilisera pour nous discréditer ou pour nous déstabiliser.

Dans ma pratique, je m'occupe de traiter aussi bien les PN que leurs victimes, en thérapie individuelle, de couple, de famille et d'équipes institutionnelles où un agent PN est actif. Je reçois des PN momentanément fragilisés par un échec professionnel, un licenciement, un projet de divorce, une décision de justice. Ils se montrent ébranlés dans leur sentiment de toute-puissance. Des collègues viennent également me consulter pour me parler de cas qu'ils suivent en thérapie. Je supervise aussi des équipes prenant en charge des couples et des familles où la maltraitance est avérée. Ce qui me préoccupe, pour l'essentiel, c'est la vie émotionnelle des personnes impliquées dans ces cas, plus précisément l'état de ceux qui souffrent, victimes directes ou indirectes, et la façon dont on peut y remédier. Cela m'intéresse de connaître la nature et la source de la nocivité, interne ou externe, et je me demande si l'agent qui, en toute vraisemblance, provoque la souffrance, est touché ou ne l'est pas par cet état de fait. Quel type de lien entretient-il avec sa victime ? Est-il membre de la famille ou pas ? Je considère enfin le fait que les conséquences de la PN peuvent s'exprimer à court et à long terme. Les réponses à ces questions détermineront la direction de la cure et, par là, le choix des moyens thérapeutiques que je dois employer.

I. – Psychothérapie et analyse : limites et virtualités des pratiques utilisant la parole

Le traitement peut donc s'adresser soit au patient, soit à la victime, soit à l'un et à l'autre, ensemble ou séparément. Il est en général mis en place par plusieurs intervenants, thérapeutes, éducateurs, assistants sociaux, médiateurs. Chacun a sa fonction et ses objectifs propres. Si le juge intervient, il applique la loi et décide de la sanction correspondante. À l'instar de l'assistant social, l'éducateur, l'aide-soignant, l'assistante maternelle, les membres de la famille d'accueil, le thérapeute se fixe des buts spécifiques. Sa priorité est de protéger celui qui souffre, et si possible de l'armer afin de lui permettre de développer ses propres capacités de défense.

Pour ce qui concerne l'agent PN, rappelons-nous que :

(1) le thérapeute analyse le fonctionnement psychique et, de ce fait, ne juge pas, ne condamne pas ;

(2) le thérapeute n'a pas intérêt à discuter avec le patient de ses motivations, de ses sentiments et de ses conduites, même s'il éprouve de l'indignation. C'est au thérapeute de proposer des interprétations. Il importe de le souligner, car il est fréquent que le patient souhaite mener le thérapeute à s'engager dans un débat d'idées, situation qu'il maîtrise bien et dont il raffole. Ses raisons peuvent le conduire à tout faire pour que le thérapeute adhère à ses pensées, car le PN ne veut pas seulement exercer un contrôle, il est aussi un prosélyte, qui cherche à convaincre et à contraindre ;

(3) le thérapeute veille au respect du cadre énoncé et accepté au début de la thérapie ; il ne se prive pas, si besoin, d'en rappeler les règles au patient, notamment si sa place et sa fonction sont remises en question. Aucune exception n'est envisageable. Toute négociation risque d'être néfaste au processus thérapeutique ;

(4) le thérapeute peut légitimement éprouver de la peine pour la victime, pas nécessairement de la pitié. L'empathie est préférable à d'autres affects ; elle permet de se mettre à la place de la personne. Ces réactions seront régulièrement l'objet de son autoanalyse ;

(5) le thérapeute ne doit pas oublier d'étudier sur quelle faille de la victime le PN a pu intervenir ; il n'en débusquera que mieux les stratagèmes de ce dernier et affaiblira son emprise.

Osons une mise en garde : le thérapeute n'est ni la victime ni le complice du patient PN ; il doit donc tout faire pour ne pas devenir l'un ou l'autre. Sa fonction se rapproche de celle d'un tiers qui devient le témoin : il écoute un récit, perçoit des émotions, en est saisi, et essaie de comprendre leur sens. Pour que le thérapeute puisse juger si tel ou tel propos lui paraît vraisemblable, il a besoin de réaliser un travail d'introspection. Ce travail a pu donner lieu à une réflexion féconde, qui bien souvent l'aura bouleversé. Ce processus intérieur culmine avec ce que Paul Ricœur appelle l'*attestation*. Il servira peut-être au patient de modèle d'identification. Or l'attestation démythifie la honte que le PN fait éprouver et qui est l'un de ses facteurs pathogènes. Elle soulage ceux qui en souffrent. Elle leur permet de penser que la honte n'est pas qu'un sentiment : elle est la preuve que l'on tient à son honneur.

Parmi tous les contextes où se tissent les liens d'emprise, la vie sentimentale est le plus propice. Telle patiente se montrait très lucide face aux manipulations auxquelles se livrait son partenaire, un homme marié qui disparaissait et réapparaissait sans donner d'explication valable. Il l'humiliait tout en se vantant de ses succès sociaux, et cela l'envoûtait. Quand elle le critiquait, il retournait ses arguments à son avantage pour montrer que c'était elle, la fautive. Commerçante associée à un cousin, cette femme avait perdu sa situation et était tombée dans une situation d'indigence. Son amant lui proposait par exemple de partir en vacances dans des maisons assez coquettes qu'il se faisait prêter. Chaque fois, elle revivait son rêve perdu. Mais le prix à payer se faisant sentir au retour par de nouvelles disparitions inexpliquées… Si elle pleurait, il lui disait : « Que tu es belle quand tu pleures ! » L'expression « Tu me prends par les sentiments » ne s'applique jamais aussi bien qu'à ce genre de situations. Le PN joue sur la corde sensible de sa victime. Le thérapeute, aussi bien que la victime, peut s'y laisser prendre.

Telle autre femme, profondément convaincue de la nécessité de se séparer de son conjoint qu'elle identifie comme un PN « trop impétueux », « insensible », « blessant », « méchant », constate d'elle-même qu'une seule chose l'en empêche : le fait qu'elle le voit comme un amant exceptionnel qui, pendant leurs ébats, sait la satisfaire, lui redonnant dans ces moments-là toute la tendresse, toute la sève qu'il lui prend par ailleurs. Sous cet effet « incantatoire », toutes les maltraitances sont oubliées. S'exprimant à voix basse et honteuse de ce qu'elle veut me dire, elle se reconnaît comme une « esclave sexuelle » et ajoute : « Je n'y peux rien. » Le PN, quant à lui, compte bien là-dessus pour la voir renoncer à son projet de le quitter, conclut-elle. En vérité, leur vie sexuelle est devenue comme un fétiche, brandi en dehors de tout échange affectueux et dans une curieuse continuité avec la violence.

Iouri

Iouri est un jeune étudiant qui a abusé sexuellement ses deux petites nièces. La justice l'a condamné à une peine d'emprisonnement avec sursis et à une injonction de soins : il doit suivre une thérapie. Instruit, il use habilement de ses connaissances, mais je note qu'il les déploie étrangement au moment précis où je m'apprête à lui signer son certificat de présence au traitement, ce que je ne trouvais aucun inconvénient à faire. Il m'a avoué plus tard qu'il craignait que je ne devine son scepticisme, derrière les approbations de façade dont il me gratifiait quand je lui faisais part de mes interprétations.
Mon appréciation était différente quant à l'évolution de son traitement : je constatais de moi-même les progrès qu'il faisait et je n'avais pas besoin qu'il soit d'accord avec mes interprétations. Le patient croyait qu'il devait adhérer totalement à moi. C'est du moins ce qui se passait entre son père et son grand-père paternel. Son père exigeait de lui un dévouement similaire. Il s'était soumis à lui tout en se disant que son père était devenu le « pantin ridicule de son propre père ». Iouri avait développé un clivage du moi entre « faux et vrai self », bien qu'il fût conscient de sa supercherie : je l'ai déduit de ses critiques à l'encontre de ses père et grand-père. Son orgueil se nourrissait du sentiment qu'il manipulait tout le monde par ses ruses.
Je ne tenais pas non plus à lui expliquer que je considérais comme secondaire qu'on soit ou pas d'accord avec mes interprétations. Dans son cas comme dans bien d'autres,

l'objectif thérapeutique consistait à saisir la signification des agressions sexuelles et psychologiques qu'il avait commises, avant de saisir ce qu'autrui, en l'occurrence ses nièces abusées, avait pu éprouver. En d'autres termes, il s'agissait d'intégrer le respect de la subjectivité d'autrui. Nous sommes arrivés à la raison première de ce modèle de thérapie : créer chez le patient les conditions pour qu'autrui soit reconnu comme un être humain qui souffre quand il est violenté, qui a ses propres désirs, qui est fragile et fort dans sa singularité, qui attend d'être reconnu dans son besoin d'intégrité, ou pour ses dons et qualités. Du moment que l'on acquiert ce sens d'autrui, la morale est possible : autrui est à traiter avec considération et respect.

Pourquoi m'étais-je fixé cette priorité ? Dans la mesure où il paraît difficile de s'attendre à ce que le pervers introjecte le sens moral qui lui manque, il convient de s'attarder sur les conditions qui fondent ce sens moral. Une remontrance, une punition, l'opprobre ne serviront de rien. Avant la thérapie, plusieurs personnes s'en étaient chargées. Notre objectif, lui, nécessitait un long travail, presque un combat. Chemin faisant, le patient a même pu passer par des moments de détresse.

Dans son cas, Iouri, après une période de déni et de rationalisations, a fini par admettre la souffrance de ses nièces abusées. Au début, il prétendait avoir agi confusément ; plus tard, que sa sœur, la mère des fillettes, le lui avait « pardonné ». À un autre moment, Iouri arguait : « À quoi bon se préoccuper de ce qui s'est passé alors que les fillettes vont bien ? »

J'ai dû ainsi surmonter nombre d'écueils avant qu'il prenne conscience de la gravité de la situation. Quand il m'a parlé de son malaise face à ses difficultés universitaires, il a indirectement exprimé un sentiment de culpabilité, certes embryonnaire, avant de manifester des affects plus authentiques. Il avait opté pour la carrière de son père, qui lui aurait permis de reprendre son affaire. C'est ce à quoi, d'ailleurs, son père s'attendait : lui-même l'avait héritée de son propre père. Iouri pestait contre cette profession et, au fond, il se sentait coincé : ou s'accommoder de cette perspective ou l'abandonner mais pour quoi ? Il risquait de perdre les facilités que lui aurait procurées une affaire florissante. Depuis l'agression sexuelle, toutefois, sa dépendance s'était beaucoup compliquée. Il disait que son père était inconsistant, un « idiot », mais lui-même ne pouvait que profiter de la chose en devenant l'« idiot héritier ». Iouri décrivait une famille resserrée, ses membres très collés entre eux et soumis au grand-père. De son côté, il avait toujours été gâté et l'était encore, car ses proches voulaient tout oublier du viol pourvu que soit lavé l'honneur de la famille. Je sentais bien qu'il était tricheur, mais j'ai compris que, en m'avouant ses doutes, il me faisait un peu confiance. Seulement, il attendait de moi que je sois aussi dans le déni et que j'accepte ses explications. Chose que j'ai essayé d'éviter, tout en continuant de l'écouter…

De telles thérapies sont difficiles à mener en raison même du terrain où elles opèrent : la parole. Or, c'est de la parole aussi que se sert le patient PN. Il s'attend peut-être à ce que le thérapeute utilise la parole, sa morale, sa conscience professionnelle, pour le désavouer, alors que le thérapeute doit tâcher de prendre la mesure de ses affects en évitant de réagir au premier degré.

Une question se pose : le patient PN fait-il lui-même la *demande* de recevoir des soins ? Le cas est rare, car la plupart du temps c'est un tiers, le conjoint, la victime, le complice, le juge ou le conseiller médical qui la font pour lui. Mais dès lors, dans quelle mesure est-il possible de travailler avec des patients qui n'ont pas la motivation profonde de guérir ? Pour y parvenir, il faut en réalité donner à la thérapie l'objectif de développer la demande chez le patient. Des difficultés similaires se posent dans le traitement des états psychotiques. Et de fait, la PN et la psychose sont deux maladies du narcissisme. C'est donc peut-être en essayant de relativiser le besoin de défendre son orgueil coûte que coûte que l'on pourra avancer. N'oublions pas que, si le patient PN refuse de se faire traiter, c'est qu'il craint de devenir l'obligé d'un autre. En réalité, il y a chez lui un besoin profond de nouer des liens avec autrui.

II. – Thérapies de groupe, de famille, de couple : par quel levier agissent-elles ?

Les pratiques de groupe présentent l'avantage de permettre d'observer les manœuvres disqualifiantes et d'analyser les réactions de la victime. La demande de soin ne met pas au premier plan les difficultés personnelles, chose que redoute le PN et qui est source de résistance, ainsi qu'on vient de le voir. Dans ce cadre, la victime peut se sentir rassurée, car elle ne prend pas le risque d'apparaître comme une dénonciatrice. Assez fréquemment, ce qui conduit les intéressés à consulter est un détail de la mésentente conjugale ou familiale, le manque de communication, la peur de la séparation, les dépenses excessives de l'un, les excès de boisson d'un autre, et c'est lors des entretiens à deux ou à plusieurs que le thérapeute découvre les manipulations qui sont à l'œuvre.

Les thérapies de groupe favorisent l'effet miroir ; en observant le comportement des autres, les participants en apprennent sur eux-mêmes et sur la relation avec autrui. Les thérapies de couple et de famille se servent de la technique de la groupe-analyse. Il est aussi intéressant d'analyser en famille les traumatismes récents ou anciens, individuels ou transgénérationnels, des secrets honteux, des figures de grands-parents et d'ancêtres auxquelles s'identifier et qui ont pu engendrer des compromissions.

Tamara et Denis

J'ai suivi le cas de Tamara et Denis (âgés d'une quarantaine d'années) pendant deux ans, à raison d'une séance tous les quinze jours, en présence des deux époux. Nés en Angleterre, Tamara et Denis vivent en France depuis une dizaine d'années. Ils sont les parents d'une petite fille et d'un garçon qui est déjà adolescent. Tamara se plaint des manipulations de son époux, qui décide sans demander son avis d'acheter ou de vendre tel objet qui leur appartient à tous deux. Denis « l'embobine », comme elle le dit, pour la persuader de signer les actes correspondants. Le « manège » a duré plusieurs années. Elle veut qu'il cesse. Au cours des premiers mois de la thérapie du couple, Tamara dit soupçonner son mari d'infidélité ; elle connaît le nom de la personne, qu'elle donne, les lieux qui sont le théâtre de leur liaison et les circonstances dans lesquelles ils se retrouvent.

Cette méfiance, toutefois, va rapidement s'évanouir sous l'effet de l'action thérapeutique. Bientôt, une autre source de conflit se fait sentir : elle croit que Denis a voulu « l'empoisonner » avec des neuroleptiques, disant qu'elle délirait au moment où elle a commencé à lui reprocher ses comportements. Elle parlera d'un ou de deux épisodes et donnera des détails. Un jour, il aurait même essayé de la faire interner de force. Tamara croit par ailleurs que sa belle-mère a répandu de la soude dans leur jardin. Elle voudrait la « châtier » de ses critiques. De toute façon, Tamara ne s'entend plus avec elle. De son côté, le mari explique les faits avec force détails tout en jurant qu'il n'est pas du tout un manipulateur. Il défend aussi sa mère, qu'il pense incapable de tels agissements. Il en conclut que Tamara est folle ; qu'elle délire. Il a lu des livres et consulté des sites Internet qui l'en ont convaincu. Il finit par me demander mon avis sur ce diagnostic.

Chaque fois que Tamara parle de la violence de son mari, il met en avant tout ce qu'il a fait pour elle. Cette thérapie, qui connaîtra de nombreux aléas, il me faut la recentrer sur quelques thèmes, car mon contre-transfert est fréquemment sollicité. Je m'interroge aussi sur le diagnostic qui expliquerait le comportement de Tamara, mais aussi sur les raisons qui ont poussé Denis à me solliciter de la sorte, d'autant que, plus je m'abstiens de lui donner des précisions cliniques, plus il insiste. Pour toute réponse, je propose de leur dire ce que je comprends de leur fonctionnement à tous deux. Mon interprétation est la suivante : chacun souhaite compter sur mon appui pour critiquer l'autre, montrer ses erreurs de jugement, au fond pour savoir si je l'apprécie. Mais Denis se fâche, « dénonce » ma peur supposée de me compromettre, mon « indolence », mon « manque de professionnalisme » et enfin mon « irresponsabilité », car je serais coupable si « cette folle finit par faire une grosse bêtise ». Il avance des exemples. Pour lui, Tamara tourne mal. Cette attitude s'accentue au moment où elle exprime son désir de se séparer de lui, puis quand elle s'engage activement dans cette voie. Alors je suis encore traité d'« incapable », car j'aurais « contribué à l'aggravation du conflit et à la dissolution de leur lien », au lieu de les aider à se tirer d'affaire. Il exige de moi que je confirme le bien-fondé de ses soupçons sur la folie de Tamara en revenant à la charge tous les mois et en réclamant de moi le bilan de la thérapie. Il s'appuie sur le récit des faits qu'il m'avait déjà fait au commencement de ce travail thérapeutique.

Tamara dit avoir oublié comment les choses se sont passées et qu'elle ne se méfie plus tellement de lui. J'ai l'impression que, par ses rappels et ses récriminations, Denis réagit au fait que sa femme désinvestisse le souvenir de leur passé et qu'elle dise vouloir avancer. Il réplique que ce qui lui importe, c'est qu'elle reconnaisse sa folie ; le fait qu'elle n'y pense plus ne suffira pas. Par la suite, la méfiance revient, et avec elle la persécution, plus vive. Est-ce la conséquence de ces rappels ? Denis se sert en fait de la désignation psychiatrique pour enfermer sa femme dans le passé et la rendre hostile à mes yeux.

J'apprendrais plus tard que Tamara avait traité Denis de PN pour le décider à se faire traiter. Lors de la thérapie, il semble se prêter à des calculs, pensant que, s'il prouve qu'elle est délirante, cela démentirait ce diagnostic de PN et en conséquence qu'il ait commis des abus sur elle. Souvent, en mon for intérieur, je reconsidère ma position et les enjeux que j'ai mis au jour ; la position de témoin m'inspire. Je me fais un peu pédagogue en leur réexpliquant les objectifs de notre travail : un diagnostic nous intéresse moins que la façon dont les choses sont dites, les intentions que l'on peut avoir à solliciter l'avis d'un spécialiste… Je m'adresse à Denis pour lui dire qu'il lui est très désagréable de constater que son épouse ne le suive plus comme autrefois, qu'elle soit devenue indocile

et remette régulièrement sa parole en doute. Je fais remarquer à Tamara son insensibilité à noter le désarroi de Denis, qui a perdu l'appréciation qu'elle lui portait.
Aux deux, je fais remarquer qu'ils ont l'air très attachés à bien élever leurs enfants, malgré la crise qu'ils traversent. En ajoutant des exemples qui témoignent de ces divers comportements, j'interprète que, s'ils veulent y parvenir, ils doivent au fond s'apprécier.
En vérité, je ne suis en rien indifférent à leur état psychologique respectif, mais mon discours n'en laisse rien paraître. Je suis persuadé que ce lien est marqué par la PN. En tant que tel, il me paraît se déconstruire progressivement.
L'humiliation en est la composante principale, bien que la rivalité et la jalousie s'infiltrent dans ce qui se manifeste de transfert. Chacun des conjoints semble me dire : « Si vous m'appréciez, vous devriez dire que j'ai raison et non pas laisser entendre que c'est l'autre qui a raison. » Cette opiniâtreté essaie de me détourner de ma position de témoin neutre afin de me transformer en témoin à charge.
Les thèmes du diagnostic de Tamara et des résultats de la thérapie réapparaissent lorsque le climat conflictuel se calme ou que la méfiance diminue. J'interroge. Est-ce que les progrès leur font mal ? Vivre paisiblement leur paraît-il étrange ? Un état de guerre, normal ? Et la haine, serait-elle préférable à l'indifférence ? Autrement dit, leur attachement réciproque, désormais évident, ne se manifeste-t-il que par l'attaque ?
Tamara a beaucoup changé, paraît plus épanouie, s'affirme, devient plus spontanée, progresse beaucoup dans sa vie professionnelle et en tant que mère de famille... Denis dit ne pas comprendre comment je peux « lui faire confiance » (à elle). Auprès de leurs enfants, il a moins tendance à se fixer des objectifs. Je pense, sans le dire pour le moment, que les attaques à mon encontre sont inspirées par leur crainte que je ne tire fierté de voir la

situation évoluer positivement. Bientôt, ils décident de se séparer ; la thérapie va encore se poursuivre pendant trois mois. Le malaise de Denis émerge et le conduit à réviser sa position.

Par ce récit, on mesure les difficultés personnelles que peut régulièrement éprouver un thérapeute qui doit traiter d'un cas de PN.

III. – Autres techniques groupales : médiatisations, aménagements

Les techniques de groupe favorisent la *confrontation* entre les acteurs du drame et le développement du *souci pour autrui*, idée qui fut avancée par Heidegger (1927) et reprise à sa manière par Levinas (1998) dans son concept du « visage de l'autre », qui témoigne de la naissance, en soi, de la *responsabilité* pour son prochain et plus largement de la possibilité de l'éthique. On comprendra notre intérêt pour ces développements, car ils nous aident face à des PN chez qui l'ingratitude est une seconde nature.

En ce qui concerne la notion de *confrontation*, elle a donné lieu à des propositions qui ont été mises à l'œuvre par le ministère de la Justice en milieu carcéral, auprès des violeurs. Concrètement, il s'agit de réunir pour quelques séances un délinquant sexuel et une personne ayant vécu une violence sexuelle ou ayant connu quelqu'un qui a été agressé et éventuellement assassiné. Ces méfaits ont été perpétrés par un autre délinquant que le condamné présent au cours de la confrontation. Bien entendu, les entretiens se réalisent avec le consentement des impliqués et avec l'aide d'un animateur. Chacun, agent, victime et témoin, explique ce qu'il a vécu. On permet ainsi à l'agresseur d'apercevoir, souvent pour la première fois, les conséquences de ses actes.

Le travail d'un ou plusieurs thérapeutes devenus des tiers-témoins avec des familles est l'occasion d'instaurer un dialogue libre où s'exprimeront les doutes, les rancunes, les haines qui autrement seraient restées occultes et pollueraient l'esprit. Il permet également de dresser l'« état des lieux » des liens de parenté : qu'est-ce qui y dysfonctionne ? qu'est-ce qui s'y délite ? comment éventuellement le restaurer ? On peut imaginer dans quel climat émotionnel se déroulent de telles séances, qui sont une épreuve, mais d'autant plus bénéfique que l'on y trouve l'opportunité de se parler.

En ce qui concerne les *médiatisations*, elles consistent à introduire dans la thérapie des pratiques comme le psychodrame ou le jeu de rôles, des techniques graphiques comme le dessin, la sculpture, le travail sur bois, sur argile, sur métal. Elles favorisent l'imagination et déploient les aptitudes manuelles. La pratique du sport, quant à elle, n'est plus à prouver. Ces moyens thérapeutiques peuvent être sollicités en milieux carcéraux, dans les institutions hospitalières ou extrahospitalières, ou dans le cadre d'une thérapie privée. La coopération entre thérapeutes, ergothérapeutes, socio-thérapeutes et éducateurs rend plus efficaces encore d'y recourir, notamment quand ils sont destinés à des patients repliés sur eux-mêmes et marginalisés. Il va de soi que ce qui compte n'est pas la performance, mais le fonctionnement collectif que ces médiatisations facilitent.

IV. – Prévenir : potentiels et faiblesses des régulateurs naturels

La PN est une notion récente ; sa découverte a connu un grand retentissement et a contribué à alerter les consciences. Après une période d'analyse de la pathologie, des progrès ont pu être accomplis dans les traitements. Ce que cette aventure humaine et scientifique a permis en termes de compréhension et de soin peut nous aider à prévenir les risques et à éviter des ravages. Dans les pages qui précèdent, j'ai bien insisté sur les écueils que doit traverser tout thérapeute qui s'engage dans le traitement de ces personnalités. Ces dernières nous apportent aussi des enseignements susceptibles de nous orienter dans la prévention des troubles. Par exemple, les PN agissant de préférence au sein du foyer familial, à l'école, dans l'entreprise ou dans des groupuscules extrémistes, les organisations collectives gagneraient à développer des valeurs démocratiques en prenant conscience de l'importance de la vie relationnelle et en aménageant des lieux d'écoute et de parole en leur sein.

Aussi est-il utile de redire combien le milieu familial joue un rôle important dans la régulation des liens de pouvoir : les parents, par leur disponibilité, privilégiant la reconnaissance mutuelle et créant les conditions pour que chacun se sente responsable pour les autres membres de la famille, peuvent éviter de transmettre des logiques d'emprise pathologique ou d'entretenir un bouillon de culture favorisant leur essor.

L'école joue quant à elle un rôle d'intermédiaire important pour éviter les dérives sociales de ces pathologies. Les enseignants y contribuent sans relâche en tirant la sonnette d'alarme et en veillant à ce que des abus ne restent pas cachés, soient clairement identifiés. Prévenir, dans ce cadre, consistera aussi à rassurer les plus fragiles. La fonction de tiers témoin dont nous avons parlé dans la thérapie a toute sa place dans la prévention, de même que le témoignage.

V. – Saurons-nous relever le défi ?

Aujourd'hui, nous avons tous pris conscience des abus psychologiques des PN ; nous connaissons mieux leur façon d'agir. Ces progrès, pour autant, ne suffisent pas toujours à nous rassurer. Ce qui peut nous soulager et nous donner un peu plus d'espoir, c'est d'observer qu'il y a des issues thérapeutiques à mettre en œuvre et que la prévention est possible. Il ne s'agit pas de vœux pieux, mais de dispositifs et d'actions d'ores et déjà connus par les spécialistes.

Conclusion

À n'en pas douter, la PN a trouvé sa « niche écologique » dans la clinique ; en établir le tableau avec précision est essentiel, notamment pour éviter une surenchère qui ferait de toute personne odieuse un patient PN. Il en va à la fois du besoin d'éviter les équivoques que de la nécessité de cibler les aspérités de ces personnalités, point de départ d'une thérapeutique adaptée ; celle-ci nécessite un cadre complexe et plusieurs intervenants.

Dans cet ouvrage, nous nous sommes centrés sur deux dimensions de la pathologie PN : (1) la méconnaissance de l'autre ; (2) la tendance à la transgression. Des deux, c'est à la première que le thérapeute devra s'attaquer de façon privilégiée. Mais pourquoi ?

La première raison en est *pragmatique* : c'est peut-être le niveau le plus accessible aux soins, comme l'expérience nous l'a appris.

La seconde en est *psychopathologique* : la possibilité pour que la loi soit intégrée dans la logique psychique du PN dépend de sa capacité à reconnaître la vulnérabilité de l'autre, de tout autre, à se sentir responsable pour lui. C'est à ce niveau que la faille du PN est la plus grande.

En général, dès lors que la vulnérabilité d'autrui nous émeut et nous fait agir, nous pouvons développer une conscience morale. Le processus thérapeutique vise à suivre ce parcours qui, passant par la reconnaissance d'autrui, conduit à la loi. Cette reconnaissance, qui deviendra mutuelle, a partie liée avec la dépendance réciproque.

C'est pourquoi l'intérêt qu'il convient de porter aux liens intersubjectifs est à la fois clinique et pratique. C'est ce qui justifie que l'on estime de plus en plus intéressant de travailler avec les victimes et le PN, ensemble ou séparément, non seulement pour panser leurs blessures, mais aussi pour faire évoluer le PN. Le visage de l'autre fait effraction dans l'indifférence. Il apparaît comme une percée dans le mur du factuel. En prenant en charge un PN, il devient préférable de se consacrer à cet aspect des choses, même si c'est par des voies différentes. Si la victime retrouve sa parole, sa fierté et sa lucidité pour exprimer son besoin d'être prise en compte, d'être reconnue, elle saura le dire à celui qui a besoin de l'entendre.

En même temps, il apparaît de plus en plus clair que si le PN vit anesthésié, c'est qu'une catastrophe a eu lieu dans son existence, celle qui a suivi la honte de n'avoir jamais été considéré comme un enfant inscrit dans une filiation.

On se fait pour soi, mais avec autrui. Tel pourrait être la conclusion la plus cohérente à laquelle je parviendrais. L'étude de la PN apporte une contribution non négligeable aux déjà nombreuses considérations portant sur le *narcissisme* et ses multiples facettes. Signalons, entre autres, qu'elle éclaire d'un jour nouveau les rapports entre amour de soi et sentiment filial, sans lequel les bases mêmes de l'identité vacillent. Les carences de la vie infantile s'ajoutent au vide intérieur creusé par l'absence de figures désignées comme père et mère, ce que le sujet tente de compenser par l'emprise, l'imposture et l'instrumentalisation. Si le PN cherche à s'auto-engendrer dans son autosuffisance, c'est en grande partie à cause de cela.

Pour grandir, nous avons tous besoin de l'amour de nos parents, mais aussi de signes qui donnent un sens à notre place dans le monde, bref : nous avons besoin de connaître les raisons qui justifient que nos parents aient eu envie de nous créer. Nous le pressentons plus souvent que nous ne l'identifions avec précision. Les parents non plus n'y voient pas toujours très clair. Peu importe : ce qui compte, c'est que ces raisons nous guident, en resserrant nos liens intersubjectifs et en nous permettant de croire en nous et en l'homme. Renaît ainsi l'espoir, là où il paraissait perdu.

Si je réaffirme cela, c'est aussi pour dissiper un malentendu : ceux qui deviennent tuteurs d'un enfant maltraité ou abandonné, plus tard ceux qui soignent l'enfant ou l'adulte, ceux qui sont amenés à rendre ou à appliquer une décision judiciaire, toutes ces personnes ne remplaceront jamais la désignation d'un père ou d'une mère. Ils feront autre chose d'indispensable certes, et de courageux aussi, mais ils ne pourront jamais affirmer avoir enfanté la personne dont ils ont la charge. En échange, cependant, ils pourront se dire pourquoi ils s'occupent d'elle, chercher à savoir *quel sens cela donne à leur existence.*

Il serait hasardeux d'évoquer l'évolution à venir de cette pathologie en termes d'incidence. Elle dépendra beaucoup de notre sensibilité et de notre volonté de surmonter les préjugés. Sur le plan social, on a trop souvent dit qu'aujourd'hui les figures du père et de la mère sont défaillantes ; il convient maintenant de soutenir les parents qui cherchent à réinvestir leurs places et fonctions.

Le PN a-t-il un visage humain ? C'est une question qu'il est bon de poser. Mais il ne faut pas s'y arrêter. Prenons désormais en compte deux autres problématiques : Qu'est-ce qui est constitutif de notre humanité ? N'est-ce pas cela qui semble faire défaut au PN ?

Si le lecteur entend ce message, l'auteur de ces lignes aura au moins le sentiment d'avoir accompli sa mission.

BIBLIOGRAPHIE

Arendt H. (1963), « Eichmann à Jérusalem. Rapports sur la banalité du mal », in *Les Origines du totalitarisme*, Seuil, « Points », 2003.
Bertoux Ph. (1979), « La résistance ouvrière à la rationalisation : la réappropriation du travail », *Sociologie et travail*, n° 1, p. 76-90.
Bion W. (1956), *Recherches sur les petits groupes*, trad. Paris, Puf.
Bion W. (1959), « Attaques contre les liens », trad. *Nouvelle revue de psychanalyse*, n° 25 (1982), p. 285-298.
Bion W. (1981), *Aux sources de l'expérience*, trad. F. Robert, Paris, Puf, 1960.
Cziffra C.-L. (2012), *Les Relations perverses*, Paris, Eyrolles.
Dejours C. (1998), *Souffrance en France*, Paris, Seuil, « Points Essais », 2014.
Dutton D. (2007), *The Abusive Personality*, New York, Guilfort.
Eiguer A. (1989), *Le Pervers-narcissique et son complice*, Paris, Dunod.
Eiguer A. (1995), *Le Cynisme pervers*, Paris, L'Harmattan.
Eiguer A. (1997), *Petit Traité des perversions morales*, Paris, Bayard.
Eiguer A. (2001), *Des perversions sexuelles aux perversions morales*, Paris, Odile Jacob.
Eiguer A. (2005), *Nouveaux Portraits du pervers moral*, Paris, Dunod.
Eiguer A. (2006), « Pourquoi les prédateurs disent-ils aimer leurs victimes ? », *Psychomédia*, n° 10, p. 37-42.
Eiguer A. (2010), *Psychanalyse du libertin*, Paris, Dunod.
Eiguer A. (2013), *Le Tiers. Psychanalyse de l'intersubjectivité*, Paris, Dunod.
Eiguer A. (dir.) (2007), *La Perversion dans l'art et la littérature*, Paris, In Press.
Ferber C. von (1959), *Arbeitsfreude. Wirklichkeit und Ideologie*, Stuttgart, F. Enke.
Freud S. (1912), *De la technique psychanalytique*, trad. A. Berman, Paris, Puf, 1953.
Freud S. (1920), *Au-delà du principe du plaisir*, *OCFP XV*, Paris, Puf, p. 273-338.
Freud S. (1925), *La Négation*, *OCFP XVII*, Paris, Puf, p. 165-172.
Gaulejac V. de (2004), *La Société malade de la gestion*, Paris, Seuil, « Points. Économie », 2014.

Habermans J. (1968), *Connaissance et intérêt*, trad. G. Clémençon, Paris, Gallimard, 1976.
Habermans J. (1981), *Théorie de l'agir communicationnel*, trad. J.-M. Ferry, Paris, Fayard, 1987.
Heidegger M. (1927), *Être et temps*, trad. F. Vezin, Paris, Gallimard, 2005.
Hirigoyen M.-F. (1998), *Le Harcèlement moral*, Paris, Syros.
Honneth A. (1992), *La Lutte pour la reconnaissance*, trad. P. Rusch, Paris, Le Cerf, 2000.
Honneth A. (2004), *Un monde de déchirements*, trad. P. Rusch et O. Voirol, Paris, La Découverte, 2014.
Hurni M. et Stoll G. (1996), *La Haine de l'amour. La perversion du lien*, Paris, L'Harmattan.
Kaës R. (2005), « Pour inscrire la question du lien dans la psychanalyse », *Le Divan familial*, n° 15 (2005), p. 73-94.
Levinas E. (1998), *L'Éthique comme philosophie première*, Paris, Rivages, « Petite Bibliothèque ».
Pichon-Rivière E. (1971), *De la psychanalyse à la psychologie sociale*, Buenos Aires, Nueva Visión.
Pinel J.-Ph. (2014), « Le traitement institutionnel des incestualités mafieuses familiales intériorisées chez les adolescents », *Le Divan familial*, n° 33, p. 17-34.
Racamier P.-C. (1980), *Les Schizophrènes*, Paris, Payot.
Racamier P.-C. (1992), *Le Génie des origines*, Paris, Payot.
Ricœur P. (1972), « L'herméneutique du témoignage », in Castelli E. (dir.), *Le Témoignage*, Paris, Aubier-Montaigne ; repris in *Lectures 3. Aux frontières de la philosophie*, Paris, Seuil, 1994.
Sadger I. (1908), « Du psychiatrique et du neurologique dans l'éclairage de la psychanalyse », *Zentralblatt für das Gesamtgebiet der Medizin*, n° 7-8.
Wilgowicz P. (1991), *Le Vampirisme. De la Dame Blanche au Golem*, Lyon, Cesura.

TABLE DES MATIÈRES

CHAPITRE VII

Composition et mise en pages
Nord Compo à Villeneuve-d'Ascq

Imprimé en France
par la Nouvelle Imprimerie Laballery
rue Louis Blériot 58500 Clamecy
janvier 2017 - N° 701246

La Nouvelle Imprimerie Laballery est titulaire de la marque Imprim'Vert®